생각이
크는
인문학

조리

생각이 크는 인문학_조리

지은이 김종덕
그린이 이진아

1판 1쇄 발행 2021년 9월 29일
1판 3쇄 발행 2023년 3월 31일

펴낸이 김영곤
키즈사업본부장 김수경
기획편집 이유리 **에듀3팀** 이영애
아동마케팅영업본부장 변유경
아동마케팅1팀 김영남 황혜선 이규림 황성진
아동마케팅2팀 임동렬 이해림 안정현 최윤아
아동영업팀 한충희 오은희 강경남 김규희
디자인팀 이찬형

펴낸곳 (주)북이십일 을파소
출판등록 2000년 5월 6일 제406-2003-061호
주소 (우 10881) 경기도 파주시 회동길 201(문발동)
연락처 031-955-2100(대표) 031-955-2177(팩스)
홈페이지 www.book21.com

ISBN 978-89-509-9673-4 43300

책 값은 뒤표지에 있습니다.

• 제조자명 : (주)북이십일
• 주소 및 전화번호 : 경기도 파주시 회동길 201(문발동) / 031-955-2100
• 제조연월 : 2023.03.
• 제조국명 : 대한민국
• 사용연령 : 8세 이상 어린이 제품

생각이 크는 인문학

21 조리

글 김종덕
그림 이진아

을파소

목 차

 1장

음식을 만들 줄 아는 게 왜 중요할까?

2장

조리를 알면 세상이 보인다고?

3장

조리가 사라지면 어떤 일이 벌어질까?

밥상의 주인이 되려면
식품 산업의 의존에서
벗어나야 해!

식품
산업

가정
음식

경제

환경 건강

음식을 만들어 먹으면 세상이 변한다고?

세상을 바꾸는 조리의 힘

음식이 우리에게 중요하다는 건 모두가 알고 있습니다. 누구나 생명을 유지하려면 음식을 먹어야 하니까요. 음식을 만드는 기술인 조리도 마찬가지입니다. 하지만 지금은 요식업과 식품 산업이 크게 발전해 굳이 직접 음식을 차려 먹지 않더라도 언제 어디서나 음식을 사 먹을 수 있는 세상이 되었어요.

특히 간편하고 빠르게 먹을 수 있는 패스트푸드는 오늘날 전 세계 사람들이 즐겨 먹는 음식이에요. 각 나라마다 특색 있는 고유의 음식을 넘어설 만큼 사람들로부터 큰 사랑을 받고 있지요. 그런데 패스트푸드가 널리 퍼지면서 비만을 가진 사람들도 많아졌어요. 자극적인 맛에 칼로리가 높은 패스트푸드는 비만의 주범으로 몰리고 있지요. 비만을 유발하는 패스트푸드 문제는 그동안 다양한 대중 매체를 통해 많이 다루어졌어요. 심지어 몇몇 나라에서는 비만을 퇴치하기 위한 정책을 낼 정도이지요. 미국 정부는 공식적으로 비만과의 전쟁을 선포했고, 영국과 호주 정부는 비만을 다루는 장관을 따로 두었어요. 덴마크에서는 비만을 일으킬 수 있는 음식에 비만세라는 세금을 매겨 사람들의 패스트푸드 섭취를 줄이려 했어요.

하지만 바쁜 현대 사회와 더불어 패스트푸드를 비롯한 각종 가공식품을 만드는 식품 산업의 커다란 성장으로 사람들이 더 이상 음식을 만들어 먹지 않게 된 것과 이로 인해 발생한 문제들에 대해서는 거의 다루어지지 않고 있어요. 패스트푸드와 각종 가공식품으로 인한 건강 문제에 대해선 많이들 이야기하지만 이상하게도 음식을 차려 먹는 기술인 조리가 사라지는 문제에 대한 관심은 낮은 편이지요. '조리하지 않아도 음식을 사 먹으면 되는데 무슨 문제가 있을까?'라고 생각할 수 있지만, 음식을 직접 만들어 먹는 사람들이 빠른 속도로 줄어드는 건 생각보다 더욱 심각한 문제예요. 조리는 우리의 몸과 마음 그리고 세상의 많은 것들과 연결되어 있는 중요한 기술이거든요.

이 책은 음식을 만드는 기술인 '조리'를 다루고 있어요. 특히 조리의 가치와 함께 식재료로 음식을 만드는 일 자체에 대한 성찰을 다룬 책이지요. 조리란 무엇인지부터 시작해 조리가 사람들의 몸과 마음 그리고 세상과 어떻게 연결되어 있는지 알아볼 거예요. 그리하여 우리 삶에 조리 기술이 여전히 필요한 이유와 조리의 중요성에 대해 살펴보려고 해요.

우리 주변에는 여전히 조리하는 데 드는 수고와 비용을 감수하면서 음식을 만들어 먹는 사람들도 있습니다. 하지만 '조리하지 않아도 언제든지 사 먹을 수 있는 음식들이 주변에 즐비하고 맛있기까지 한데 굳이 시간과 노력을 들여 음식을 만들어 먹어야 할까?'라고 생각하는 사람들이 훨씬 많은 것이 오늘날의 현실이지요.

인류의 역사에서 사람들이 식품 산업이 공급한 맞춤형 음식 상품이나 요식업에서 제공하는 음식에 의존한 기간은 얼마 되지 않아요. 그럼에도 많은 사람들이 식품 산업에서 공급한 음식을 먹는 것에 대해 너무나 당연하게 생각하고 있지요. 일부는 음식을 만드는 수고를 하지 않아도 되고, 그 시간을 다른 데 사용할 수 있으니 이러한 현상을 반기기도 합니다. 인류가 음식을 만드는 수고를 덜게 된 건 과연 축복일까요? 이 책에서 그 답을 고민해 보기 바랍니다.

2021년
김종덕

1장
음식을 만들 줄
아는 게 왜 중요할까?

조리에 대해 얼마나 알고 있을까?

우리가 세상을 살아가는 데 꼭 필요한 것이 있습니다. 우리의 몸을 움직이는 힘인 에너지를 주는 중요한 공급원이지요. 그건 바로 음식이에요. 우리는 하루 이틀 정도 음식을 먹지 않아도 살아갈 수 있지만 숨을 쉬는 데 필요한 에너지마저 몸에 남아 있지 않으면 생명을 잃고 말아요. 이처럼 음식을 먹는다는 건 우리가 생명을 이어 가기 위한 필수 활동인 것이죠. 그렇다면 음식을 만드는 일인 조리는 어떨까요?

조리는 사람만이 가지고 있는 기술입니다. 다른 동물들은 하지 못하는 오직 사람만의 능력이에요. 이들은 사냥한 먹이나 자연에서 자라는 식물을 특별한 조리 없이 날것 그대로 먹어요. 그래서 프랑스의 인류학자 레비스트로스(1908~2009)는 음식을 크게 날것과 익은 것으로 구분하고,

날것은 자연에, 익은 것은 문화에 속한다고 했어요.

조리의 역사는 인간이 고기를 불에 익혀 먹으면서 시작되었습니다. 불에 고기를 익혀 먹는 것을 시작으로 날것으로 먹던 각종 곡식과 채소를 익혀 먹었지요. 그다음 사람들은 불에 익힌 식재료를 나누어 먹기 위해 음식을 썰고 담을 도구가 필요하자 솥과 냄비, 칼, 도마, 식기 등 다양한 조리 기구를 만들기 시작했어요. 이처럼 인류는 음식을 만드는 조리 기술과 함께 문명을 발전시켜 왔어요.

어떤 학자들은 조리를 사람을 정의하는 기술이라고도 합니다. 조리 기술이 지금의 인류인 호모 사피엔스*의 등장을 가져왔다고 말하기도 했지요. 날로 먹기 힘든 식재료를 손질해 익혀 먹는 행위를 인간이 다른 동물과 차이를 드러내는 상징적인 활동이라고 했어요. 조리를 사람과 사람이 아닌 동물을 구분하는 기준으로 생각한 거예요. 조리는 사람을 사람답게 해 준 기술이자 인류 문명의 토대인 것이지요.

★ 호모 사피엔스 '생각하는 사람'이라는 의미를 지닌 고인류의 학명으로, 오늘날 인류와 같은 종에 속하는 인류이다.

그런데 오늘날 조리 기술을 가진 사람들이 사라지고 있어요. 산업화로 사회가 더욱 빠르게 변해 가고 식품 산업의 커다란 성장으로 시간과 장소에 구애받지 않고 음식을 사

먹을 수 있게 되면서 음식을 직접 만들어 먹는 사람들의 수가 점점 줄어들고 있지요. 안타깝게도 요즘은 조리의 가치와 중요성에 대해 알거나 관심을 가지는 사람이 많이 없다는 것이 오늘날 조리의 현실입니다.

'조리'라는 말의 의미를 정확히 아는 사람도 매우 드물어요. 조리는 직접 기르거나 마트에서 구입한 식재료를 다듬어 음식으로 만들고, 상을 차리는 모든 과정을 의미합니다. 더 넓게는 어떤 식재료로 무슨 음식을 만들지 고민하고, 식사를 마친 후 설거지를 하거나 조리 기구를 정리하는 것까지 모두 조리의 과정이라고 할 수 있지요. 조리와 비슷한 의미를 지닌 '요리'는 조리와 같이 음식을 만드는 과정을 의미하기도 하지만, 더 정확하게는 조리 과정을 통해 완성된 음식을 가리키는 말이에요.

요즘은 많은 사람들이 조리와 요리를 구분하지 않고 사용하고 있습니다. 하지만 우리나라의 식품 위생법에서는 음식을 만드는 사람에게 조리사라는 자격을 부여하고, 교과서에서는 음식을 만드는 과학적인 방법을 조리라고 표기하고 있어요. 음식을 만드는 것과 관련된 자격증으로는 조리기능사와 조리 기능장 등이 있는데요, 식재료로 음식을 만드는 것을 두고 여러 기관에서 요리 대신 '조리'를 공식 용어로 사용합니다.

오늘날 우리는 음식을 굳이 만들어 먹지 않아도 언제 어디서든 쉽게 사 먹을 수 있습니다. 조리 기술은 음식을 만들어 먹길 원하는 몇몇 사람들과 요식업 및 식품 산업의 종사자들만이 가진 선택 기술이 되고 있지요. 여느 기술과 마찬가지로 조리 기술도 많이 사용할수록 더욱 발전하고, 반대로 사용하지 않으면 점점 잊혀 결국 사라지기 마련입니다. 만약 조리 기술이 없으면 주변에 좋은 식재료가 널려 있어도 음식으로 만들어 먹을 수 없겠지요.

우리 한번 극한 상황을 가정해 볼까요? 만일 음식을 사 먹을 수 없는 비상시라면 주변에 식재료가 있더라도 음식으로 만들어 먹을 줄 몰라 굶주리는 일이 벌어질 수도 있어요. 냉장고 안에 식재료들이 가득해도 음식을 만들어 줄 누군가를 기다려야만 하거나, 그마저도 없다면 결국 굶게 되겠지요.

음식을 만들어야 음식을 만드는 즐거움과 자신이 먹는 음식이 얼마나 중요한 것인지 잘 알게 될 텐데 만약 조리를 할 줄 몰라 음식을 만들어 먹지 않는다면 이러한 기회도 사라지고 말 거예요. 게다가 내 몸을 만들고 에너지의 원천인 음식을 남에게 모두 맡길 수는 없는 일이지요. 지금부터 조리에 대한 다양한 이야기를 나눠 볼까요?

지금은 식품 산업 전성시대라고?

요식업과 식품 산업이 오늘날만큼 발전하지 않았던 과거에는 대부분 가정에서 직접 식재료를 손질하고 조리해 만든 음식을 먹었어요. 조리의 주체는 주로 가사를 도맡았던 여성이었지요. 그런데 사회가 조금씩 변하기 시작했어요. 음식을 손수 만들어 먹었던 과거와 달리 밖으로 나가서 사 먹거나 배달을 시켜 먹는 날이 잦아졌어요. 지금은 삼시세끼를 모두 사 먹어도 일상에 불편함이 없을 정도이지요. 실제로 집에서 전혀 음식을 만들어 먹지 않는 가정도 계속해서 늘어나고 있는데요, 왜 음식을 만들어 먹는 사람들이 줄어들고 있는 걸까요?

음식을 만들어 먹기보다 사 먹는 걸 선택하는 사람들이 늘어나는 가장 큰 이유는 산업화입니다. 1960년대 이후에 우리나라는 경제 성장을 목표로 산업화의 바람이 크게 일기 시작했어요. 우리나라의 경제는 산업화와 함께 엄청난 속도로 성장했고, 가정에서 조리를 포함해 가사를 도맡았던 여성들도 하나둘씩 경제 활동을 하기 시작했지요. 음식이란 건 배우고 도전해 보아야 직접 만들 수 있는데, 세상이 변하면서 너도나도 경제 활동에 뛰어들자 음식을 가르쳐 줄 사람도, 배울 사람도 점점 사라지기 시작했어요. 바쁜 현대 사회를 살아가는 사람들은 자연스럽게 음식을 배우고 만드는 데 시간과 수고를 들이는 대신 음식을 사 먹으며 절약한 시간과 비용을 다른 여가 활동이나 일하는 데 사용하기 시작했지요.

게다가 음식 분야에도 산업화의 바람이 불어 각종 다양한 종류의 식당들이 생겨났고, 공장에서 만든 온갖 식품들이 시장에 나와 조리를 굳이 배우지 않아도 음식을 사 먹으면 되었지요. 이러한 이유로 사람들은 집에서 음식을 만들어 먹는 대신 식당으로 나가 음식을 사 먹거나 공장에서 생산한 식품을 사 먹기 시작했어요.

기계로 음식을 만드는 가공 기술이 발전하면서부터는 식품 회사에서 조리 식품이나 반조리 식품 같은 가공식품을 대량으로 생산하기 시작했어요. 주로 단 몇 가지의 반조리 식품을 생산했던 식품 회사는 가공 기술을 더욱 발전시키면서 거의 모든 종류의 음식을 가공식품으로 만들어 냈지요. 지금 당장 편의점에만 가도 전자레인지에 데우기만 하면 바로 먹을 수 있는 각종 찌개류와 탕, 반찬, 면 등의 가 공식품을 취향대로 살 수 있어요. 더 이상 음식을 만들지 않아도 내가 먹고 싶은 음식을 식당에서는 물론이고 가까 운 마트에서도 언제든지 사 먹을 수 있게 된 거예요.

라면은 우리나라에서 가장 많이 판매되고 있는 대표적인 가공식품인데요, 쉽게 구매할 수 있고 출출할 때 간편하고 빠르게 끓여 먹을 수 있어 남녀노소 구분할 것 없이 누구 나 즐겨 먹는 식품이지요.

여러분은 얼마나 자주 라면을 먹나요? 2020년 세계 인스 턴트 면 협회(WINA)에서는 우리나라의 1인당 라면 소비량 이 네팔과 베트남을 제치고 가장 많다고 밝혔는데요, 1년 에 한 사람이 먹는 라면의 수만 해도 무려 약 80여개나 된 다고 해요. 2등인 네팔의 1인당 라면 소비량은 약 50개였어 요. 이 자료에 따르면 우리나라 사람들의 연간 1인당 라면 소비량이 단연 압도적이었지요. 우리나라의 식품 회사들은 이런 라면 선호도를 반영하여 다양한 종류의 라면 상품을 개발해 공급하고 있어요. 그 종류만 해도 무려 100가지가 넘어가요. 라면은 우리가 얼마나 많은 가공식품을 섭취하 고 있는지 확인할 수 있는 대표적인 증거이죠.

라면 같은 간편 조리 식품이나 패스트푸드, 배달 음식이

만연한 요즘, 음식을 사 먹는 것이 당연하다 생각할 수 있지만 음식을 사 먹는 문화가 지금처럼 활발해진 건 사실 얼마 되지 않았어요. 하지만 요식업과 식품 산업은 엄청난 속도로 성장해 우리 삶의 아주 가까이에 자리하게 되었고, 반대로 음식을 만듦으로서 얻을 수 있는 많은 것들이 우리 삶에서 점점 멀어지게 되는 문제를 일으켰지요.

우리가 조리하지 않아서 잃어버린 것들은 무엇일까요? 음식을 만들며 배우고 느낄 수 있는 여러 가지 것들에 대해 살펴보고 조리의 가치에 대해 생각해 보아요.

나를 성장시키는 조리

인류는 식재료를 수확해 조리하여 음식으로 만들어 먹고 각 나라만의 음식 문화를 형성해 왔어요. 각 나라의 전통 음식과 지역 음식처럼 오래전부터 전해 내려오거나 지역의 특산물로 만든 개성 있는 음식들이 그 증거이지요. 음식을 만드는 기술인 조리는 사회의 문화를 만드는 건 물론 음식을 만드는 사람까지 변화시키는 힘을 가지고 있답니다.

현대인들에게는 어떤 것을 새로 만드는 기획 능력과 창

의력이 부족해요. 아무래도 많은 분야가 이미 발전되어 있는 오늘날, 기존의 것을 따라가기에도 바쁜 세상에 무언가를 새로 만들고 도전한다는 건 쉽지 않은 일이에요. 큰 결심과 용기가 필요하지요.

그런데 음식을 만드는 것이 바로 기획이고 도전이에요. 먼저 어떤 음식을 만들어 먹을지 생각하고, 그 음식을 만들기 위한 계획을 짜고, 식재료와 조리법을 공부해 음식을 만들기까지 계획과 실행이 필요한 일이지요. 이처럼 조리를 한다는 건 단순히 음식을 만드는 것을 넘어 어떤 일을 기획하는 일이에요.

처음에 생각했던 대로 음식의 모양이나 맛이 잘 나오지 않는 경우도 있지만 실패하면 실패한 대로 그 음식만의 개성이 있고, 더 나은 맛을 내기 위한 밑거름이 되겠지요. 생각한 대로 음식이 만들어지면 계획한 대로 결과물을 만들었다는 성취감을 얻을 수도 있어요. 조리는 음식이라는 결과물을 내기 위해 거치는 과정으로 음식을 만드는 사람으로 하여금 뿌듯함과 만족감을 가져다주지요.

실제로 치열한 경쟁 사회에 살아가면서 스트레스를 많이 받는 현대인들에게 조리는 즐거움과 자신감을 채워 주는 활동이 될 수 있어요. 만들고자 하는 음식에 집중해 조리하며 걱정거리를 잠시 잊고, 맛있게 만든 음식을 먹으며 스트레스를 날려 버릴 수 있는 건강한 활동이지요.

그리고 음식을 직접 만들어서 먹으면 다양한 맛에 대해 알게 돼요. 사람들의 입맛을 고려해 표준화되거나 자극적인 맛의 가공식품이 아닌 식재료 본연의 맛과 어떤 식재료가 다른 식재료와 함께 쓰였을 때 나는 맛, 구웠을 때 나는 맛, 삶았을 때 나는 맛, 완성된 음식의 맛 등 자연스러운 음식 본연의 맛을 느낄 수 있어요.

또 식재료를 공부하며 각각의 식재료가 가진 다양한 영양분과 그 영양분을 더 극대화시켜 주는 조리법에 대해 알게 되어요. 자연스럽게 음식을 보는 눈이 생기게 되는 거예요.

음식을 만들며 식재료의 맛과 영양에 대해 더 잘 알게 되면 이제 자기만의 음식을 자유롭게 만들어 먹을 수 있어요. 다른 사람들이 만든 음식과는 차별화된 나만의 아이디어가 담긴 독창적인 음식 말이에요. 음식을 만든 사람만의 콘셉트가 담겨 있는 음식이라면 맛을 떠나서 또 다른 가치가 있는 음식이 되겠지요. 어디에서 생산된 식재료를 어떤 이유로 구매했으며, 이 식재료를 이용해 어떤 음식을 만들었는지, 왜 만들게 되었는지, 누구와 함께 먹었는지 등 하나의 콘셉트가 담긴 음식을 만들 수 있어요.

반면 정해진 공정에 맞추어 오직 판매를 위해서 만들어지는 패스트푸드와 각종 가공식품에서는 이런 개성 있는 콘셉트를 찾아보기 힘들어요. 단지 먹기에 간편할 뿐이지요.

우리나라에는 '콩 세 알'에 담긴 따뜻한 이야기가 전해 내려오는데요. 농부는 땅을 파서 콩을 심을 때 한 번에 세 알을 심는다고 해요. 한 알은 새를 위해, 다른 한 알은 흙속의 벌레들을 위해, 마지막 한 알은 비로소 그것을 먹을 사람들을 위해 심는다고 하지요. 농사를 짓기 시작할 때부터 사람은 물론 모든 식재료가 나고 자라는 자연과 짐승을 배려하는 태도예요.

우리네 어머니는 밥을 지을 때 쌀과 보리 같은 곡식이 귀했던 시절에도 식구들이 먹을 것보다 더 넉넉하게 하곤 했는데요, 지금처럼 끼니를 풍족하게 먹기 어려웠던 시절에 집에 찾아오는 배고픈 손님들에게 건넬 따뜻한 밥을 남겨놓기 위해서였지요. 음식을 만들 때 이런 배려의 마음을 가지면 식재료부터 모든 조리 과정에 정성을 들이게 돼요. 정성스레 만든 음식은 그 맛에서도 정성이 묻어 나오겠지요. 먹는 사람이 느끼는 감동은 물론이고요. 조리를 통해 맛있는 음식뿐만 아니라 성숙한 나를 만들어 가는 거예요.

내 밥상의 주인은 누구일까?

보다 효율적이고 편리한 삶을 추구하는 현대인에게 음식을 직접 차려 먹는 일은 수고롭고 어려운 일입니다. 조리는 시간과 노력을 들여 배우고 익혀야 할 수 있는 전문적인 기술이거든요. 게다가 조리란 음식을 만드는 일뿐만 아니라 좋은 식재료를 구입하고, 상을 차리고, 음식을 먹은 뒤 설거지를 하고, 남은 음식물을 처리하는 모든 과정을 포함하고 있지요. 맛과 영양을 고루 갖춘 상차림을 위한 메뉴도 고민해야 하고요. 이 모든 과정은 조리에 관심을 갖고 스스로 공부하거나 누군가로부터 배우지 않으면 쉽게 도전하기 어려워요. 더욱이 조리를 배우지 않아도 사 먹을 수 있는 음식들이 즐비하지요. 이러한 상황에서 음식을 만들어 먹는다는 건 어쩌면 사치라고 생각될 수도 있어요. 하지만 조리는 과정이 까다로운 만큼 내 몸과 마음을 성장시키고 성취감을 주는 즐거운 일이기도 합니다.

그럼에도 불구하고 오늘날 많은 사람들이 음식을 배우고 만드는 데 시간을 들이기보다 음식을 사 먹으면서 시간과 에너지를 절약하고 그 시간에 다른 일을 해요. 외식을 통해 집에서는 쉽게 먹을 수 없는 진기한 음식을 사 먹기도 하고요. 산업화의 바람이 불고 패스트푸드점과 각종 식당, 배달 서비스 등 식품 산업과 요식업이 성장하면서 음식을 사 먹는 문화에 익숙해져 자연스럽게 일상에서의 조리 시간은 줄어들었지요.

과거 인류는 음식을 익혀 먹기 시작하면서 소화시키는 시간을 절약해 다른 일을 할 시간을 마련했는데요, 그 반대의 상황이라니 참 아이러니하지요? 굳이 음식을 해 먹지 않아도 끼니를 충분히 마련할 수 있으니까요. 그런데 정말 우리가 얻은 건 시간과 편리함뿐일까요?

식품 산업은 산업화와 함께 엄청난 속도로 지금의 모습으로 성장했어요. 식품 산업의 빠른 성장과 더불어 우리는 가정에서 음식을 만드는 수고를 덜고, 더 다양한 종류의 음식을 맛볼 수 있는 즐거움을 갖게 되었지요.

하지만 마냥 좋은 점만 있는 건 아니었어요. 식품 산업에 종사하는 모든 사람이 소비자들을 생각하는 마음으로 신선한 식재료를 사용해 맛과 영양이 풍부한 좋은 음식을 판매하면 좋겠지만, 현실은 그렇지 않았죠. 너무 빠른 속도로 식품 산업이 성장한 탓에 겉으론 맛있는 음식을 제공하면서 삶을 편리하게 해 주는 척하며 부정한 일을 벌이는 식품 회사들도 생겨났어요.

적은 비용으로 큰 이윤을 내기 위해 저렴한 외국산 식재료를 수입해 사용하거나, 상품의 식감과 맛, 색깔을 내기 위해 어떤 질병을 유발할지 모르는 인공 조미료들을 음식에 첨가했지요. 여기에 공격적인 마케팅과 자극적인 맛으로 수많은 소비자들을 유혹하기도 했어요. 더 나아가 일부러 정규직이 아닌 외국인 노동자나 비정규직 노동자를 고용해 낮은 임금으로 노동을 착취하는 곳도 있었지요.

식품 산업의 모든 음식이 부정적인 건 아니에요. 맛과 영양을 두루 갖춘 음식 상품도 많지요. 그렇기에 어떤 음식이 좋은 음식이고, 어떤 음식이 나쁜 음식인지 구별할 줄 아는 눈을 키우는 것이 중요해요. 그 방법이 바로 식재료를 공부하고 음식을 만드는 것인데, 현실은 엄청난 속도로 성장하는 식품 산업에 비해 조리 기술은 점점 사라지고 있으니 문제이지요. 음식을 만들지 않으니 그 음식을 구성하는 식재료가 무엇인지, 내 몸에 어떤 영향을 미치는지 잘 모르게 되는 거예요. 음식을 만드는 과정에 대해서도 무관심하고요.

시드니 민츠라는 미국의 인류학자는 이러한 문제에 대해 현대인들이 음식을 자유롭게 선택할 수 없는 현실에 처해 있지만 그것을 모르는 상황에 빠져 있다고 말했어요. 내가

먹을 음식이 어떻게 만들어졌는지, 내 몸에 어떤 영향을 미치는지 모르는 상태에서 내가 선택한 건 음식 자체가 아닌 음식의 이름뿐인 거지요. 상황이 더 심각해진다면 우리는 더 이상 우리가 먹는 음식을 스스로 통제할 수 없게 될지도 몰라요. 식재료에 대해 무지하고 음식을 만들 줄 모르니 결국 우리의 밥상을 우리 스스로가 아닌 식품 회사와 각종 식당들이 차리게 되는 거예요. 음식을 만들 줄 모르면 내 몸을 이루고 에너지의 공급원인 음식을 스스로 선택하지 못하고 다른 사람들의 선택에 의해 좌우되는 거죠.

내 밥상의 주인은 내가 되어야 합니다. 여러분이 오늘 먹은 음식은 무엇이고, 그 음식은 어떤 것들로 구성되어 있나요? 그 음식들은 나의 건강과 우리 사회에 어떤 영향을 미치고 있을까요?

국제슬로푸드 한국협회에서는 2017년부터 '조리하는 대한민국' 캠페인을 벌이고 있어요. 현재 우리나라의 농업과 식생활 문제가 음식을 만들어 먹지 않는 문화가 퍼지고 있기 때문이라고 보고, 전 국민이 조금씩 조리를 한다면 이 문제들의 상당 부분을 해결할 수 있다고 말하며 조리의 생활화를 주장하고 있어요.

우리 사회가 계속해서 음식을 사 먹는 문화에 익숙해지고 있는 이유 중 하나는 패스트푸드 및 가공식품 산업의 규모와 소비가 엄청나게 커졌기 때문이에요. 간편하고 빨리 먹을 수 있는 패스트푸드와 간단한 조리를 하거나 그대로 먹을 수 있는 가공식품은 바쁜 현대인들에게 매력적인 음식이 되었지요. 이러한 사회 현상과 함께 수고와 노력이 드는 조리의 효용성이 줄자 자연스럽게 조리를 배우려는 사람이 줄어들었고, 심지어는 조리 기술을 가진 사람들조차 점점 그 기술을 사용하지 않는 현실에 이르렀어요.

실제로 음식을 만들어 먹는 사람들이 점점 사라지고 가공식품의 섭취량이 커지자 신선한 농산물에 대한 수요가 줄어들면서 농산물을 생산하는 국내 농업이 큰 타격을 입었어요. 모든 가공식품이 그런 건 아니지만, 많은 가공식품에는 저렴한 수입 농산물이 주로 사용되고 있거든요. 비용을 줄이고 이윤을 최대한 많이 남기기 위해서이죠.

그리고 사람들이 점점 밥을 먹지 않아 쌀 소비량이 계속 줄어들고 있는데요, 보관해야 할 쌀이 점점 많아져 쌀 보관비만 해도 1년에 수천억 원이 넘는 예산이 들어가고 있어요. 생산량이 얼마 되지 않는 국산 밀가루도 수입산 밀가루에 비해 가격이 비싸다는 이유로 가격 경쟁력에서 밀려나 우리나라의 밀 생산 농가들이 하나둘 생산을 포기하고 있어요.

다음 글은 국제슬로푸드 한국협회에서 내건 〈조리하는 대한민국 선언문〉이에요. 음식을 직접 만들어 먹는 문화의 중요성과 음식의 산업화로 인한 농업과 기타 문제들에 대해 이야기하며 조리의 가치와 중요성을 알리고, 조리가 일상에서 실천될 수 있도록 힘쓰고 있지요.

조리는 다른 동물과는 달리 사람만이 갖는 속성이다. 조리는 음식에 알맞은 식품 재료를 고르고 맛과 멋을 높이며 영양의 조화와 균형을 살리는 모든 과정을 뜻한다. 조리를 통해 이루어지는 영양의 균형은 생존과 건강 유지의 틀이 되었고, 맛과 멋은 인간의 삶을 더욱 기쁘고 행복하게 만들어 왔다. 조리 기술은 인류 역사와 함께 진보하면서

친교와 협상의 자리를 빛내며 인류 역사를 만들어 왔다.

그러나 현대에 이르러 인류 역사에서 처음으로 조리하지 않고도 음식을 먹을 수 있는 시대를 맞았다. 표준화와 대량생산을 기반으로 패스트푸드와 가공식품이 발전하고, 가정 밖의 외식 공간이 늘어났기 때문이다. 이로 인해 조리의 중요성이나 가치가 점점 잊히면서 조리를 배우려는 사람이 줄고, 심지어 조리를 할 줄 아는 사람조차 조리를 하지 않고 있으며, 지역과 가정마다 면면히 이어져 왔던 개성 있고 소중한 조리법도 소멸되어 가고 있다.

조리하지 않는 식생활이 우리에게 미치는 악영향은 자명하다. 패스트푸드와 가공식품의 획일적이고 인공적인 맛에 빠져들게 하고, 패스트푸드를 위해 선택된 몇몇 식품 재료 외에 재료와 품종은 사람들에게서 잊히게 된다. 지역과 국가의 경계를 넘어 공급되는 글로벌푸드는 지역 농업의 존재를 위협하며, 대량생산에 선택되지 않은 품종은 지상에서 사라져 종의 멸절을 가속화한다. 글로벌푸드와 패스트푸드는 궁극적으로 인간의 건강, 환경과 생태에 해를 주고, 지구온난화 문제를 야기한다.

오늘날 밥상이 무너지고 농업이 위기인 것은 조리하지 않기 때문이다. 음식 문맹을 확산시키는 거인 패스트푸드를 무너뜨리는 돌팔매는 바로 조리이다. 조리는 빼앗긴 음식 선택의 권리를 패스트푸드로부터 되찾아 음식다운 음식을 먹게 하고, 지역 음식을 살리며, 음식 문화의 다양성을 회복해 준다. 조리의 시작은 농업이며 조리는 농업을 완성한다. 조리를 통한 "농업 없이 음식 없다"는 깨달음은 농업을 지키는 가장 큰 힘이다.

　우리는 오늘 '조리하는 대한민국'을 선언한다. 우리의 생존과 풍요로운 음식 문화를 지켜 줄 가장 큰 희망인 조리하는 두 손을 찬양하기 위해, 남자든 여자든 어린이든 늙은이든 조리하는 사람들이 대접받는 사회를 위해, 조리를 통한 밥상 살림으로 농업을 지키기 위해, 생존 기술인 조리 교육을 학교의 필수 교과 과정에 넣어 미래 세대를 지키기 위해, 조리를 통한 다양성의 확보가 가져올 진정한 자유와 평등과 공존의 문화를 이 땅에 정착시키기 위해.

2019년 3월 6일
〈조리하는 대한민국 선언문〉, 국제슬로푸드 한국협회

조리하는
대한민국
선언문

농업 없이 음식도 없다!

국제슬로푸드 한국협회는 '조리하는 대한민국' 캠페인을 통해 조리 기술
이 점점 사라지고 있는 오늘날 사람들이 조리의 즐거움을 되찾아 보다 맛있
고 건강한 음식을 먹을 수 있게 하고, 지역 음식을 살려 음식 문화의 다양성
을 회복하기 위해 노력하고 있어요.

　"조리의 시작은 농업이고, 조리는 농업의 완성이다"라고 말할 정도로 조
리는 농업과 아주 가까이 연결되어 있는데요, 그런 의미에서 이 캠페인은
조리를 장려해 농업을 되살리기 위한 운동이라고도 할 수 있지요.

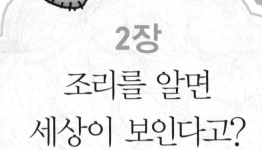

2장
조리를 알면
세상이 보인다고?

조리가 인류의 진화에 불을 지폈다고?

★ 유인원 고릴라, 오랑우탄, 긴팔원숭이 등 사람의 특성과 가장 가까운 포유류.

앞서 조리는 불을 이용해 고기를 익혀 먹으면서부터 시작되었다고 했어요. 식재료를 하나의 음식으로 만드는 조리 기술이 세상에 등장하기 전, 지구에 살았던 유인원★들은 여느 동물과 마찬가지로 생명을 유지하기 위해 먹이를 구하고 익히지 않은 날것을 섭취했어요. 이들은 힘을 내는 영양소와 에너지는 적지만 섬유질이 풍부한 식물을 주로 먹었기 때문에 많은 양의 먹이를 오랜 시간에 걸쳐 먹어야 했지요. 이 때문에 신체에서 많은 에너지를 사용하는 뇌의 크기는 작았지만, 엄청난 양의 음식을 소화시켜야 해서 소화 기관의 크기는 매우 컸어요. 그리고 음식으로 섭취한 대부분의 에너지를 소화시키는 데 써서 먹을 것을 구하고 음식을 소화시키는 활동 외에 다른 일은 거의 하지 못했지요.

반면 인류는 유인원과 달리 불을 이용해 음식을 익혀 먹었어요. 오늘날 많은 학자들이 동물의 고기를 구워 먹음으로서 조리의 역사가 시작되었다고 이야기하는데요, 자연 현상으로 산에 불이 났고, 불이 꺼진 후 사람들이 불타 죽은 동물의 고기를 맛보곤 음식으로 인식한 거예요. 시간이 흐른 후 인류가 불을 잘 다루게 되면서부터는 사냥한 동물을 직접 불로 익혀 먹게 되었어요.

　사람들은 적은 양으로도 많은 에너지를 낼 수 있는 고기를 익혀 먹으면서 유인원과 달리 음식을 소화시키는 시간을 엄청나게 줄일 수 있었고, 다른 활동을 할 에너지와 시간을 갖게 되었지요. 이러한 변화로 사람의 뇌가 점점 커지고, 소화기관의 크기는 작아졌어요. 이와 더불어 인류의 지능도 발달했지요. 오늘날 우리 인간의 모습에 가까워지기 시작한 거예요.

　인류가 최초로 불을 사용해 음식을 익혀 먹기 시작한 건 개인이 아닌 공동체 단위로 이루어졌어요. 큰 동물을 사냥하는 것부터 시작해 사냥한 동물을 이동시키고, 불을 피우려면 여러 사람들이 힘을 합쳐 움직여야 했거든요. 불로 구운 고기는 공평하게 나누어 먹었지요. 함께 사냥하고 불에 고기를 굽고 나눠 먹으며 인류는 공동체를 발전시켰어요.

불은 어떻게 인류를 진화시켰는가!

정해진 시간과 장소에서 음식을 공평하게 나누어 먹는 공동 식사를 통해 문화가 생겨났지요. 불로 음식을 익혀 먹는 조리 기술이 인류 사회의 문화와 질서를 만든 거예요.

그 뒤에 물을 이용한 조리 기술이 등장했어요. 물을 이용해 음식을 하려면 먼저 물을 끓일 솥이 있어야 했으니까요. 지금으로부터 약 1만 년 전 흙으로 만든 토기 솥이 등장했어요. 사회 구성원들이 함께 모여 사냥을 하고, 불로 고기를 익혔던 것과는 달리 물을 끓이는 건 볼거리가 없었고 실내 주방에서 이루어졌기 때문에 개인이 관리했어요.

물을 이용한 대표적인 조리 방법으로 냄비 조리를 들 수 있는데요, 냄비 조리는 인내(Patience), 자리 지킴(Presence), 연습(Practice)이라고 하는 3P가 특징이에요. 음식을 완성하는 데 오랜 시간이 걸리고, 그 자리에서 지켜보고 있어야 하며, 원하는 맛을 내기까지 많은 연습이 필요하기 때문이죠. 독일의 한 식도락가는 냄비가 인류 역사에 엄청난 발전을 가져왔다고 말했어요. 불에 직접 굽는 것보다 냄비를 사용해 음식을 만드는 것이 더 장점이 많고 진화된 형태의 조리였거든요.

냄비 안에 식재료를 넣고 불에 익히면 식재료를 불에 직접 구울 때보다 맛은 물론 영양적 측면에서 더 좋은 음식을 만들 수 있어요. 맛없는 고기 부위를 가지고도 맛을 낼 수 있어 음식물 쓰레기를 줄일 수도 있죠. 적은 양의 고기로도 냄비 조리를 하여 육수를 내 여러 명이 음식을 섭취할 수도 있어요.

고기뿐만 아니라 곡식과 더 많은 종류의 채소도 먹을 수 있어요. 날것으로 채소를 먹을 때보다 냄비를 이용해 데치거나 구워 먹으면 훨씬 많은 종류의 채소를 먹을 수 있고 소화에도 도움이 돼요. 뜨거운 물이 채소 구석구석에 열을 전달해 식감을 부드럽게 하고, 세균을 죽이거나 독성을 없애거든요. 뿐만 아니라 채소의 섬유질을 분해해 소화를 더욱 잘되게 하고, 쓴맛을 걸러 내 식재료의 맛을 더해요. 채소나 고기의 영양분과 맛이 우러나온 국물은 감칠맛이 나는 채수와 육수가 되고요.

인간이 불을 사용하기 시작하면서 음식 문화의 기초와 사회의 질서가 생겼다면 냄비와 같은 용기를 이용해 물에 삶은 음식을 만들면서 식재료를 더욱 안전하고 맛있게 먹을 수 있게 된 거예요.

왜 우리 조상들은 김장독을 땅에 묻었을까?

사람들은 물 다음으로 무엇을 이용해 음식을 만들었을까요? 바로 공기입니다. 어떻게 공기로 음식을 만들 수 있냐고요? '훈제'가 바로 공기를 이용한 대표적인 조리법이에요. 더 정확하게 말하자면 불과 공기를 함께 이용한 조리법이지요. 훈제는 소금에 절인 고기에 향이 나는 나무 장작을 태운 연기의 성분과 향을 흡수시키면서 고기를 익히고 말리는 방식의 조리법이에요. 훈제 식품은 독특한 풍미가 있고 잘 상하지 않아 오랫동안 저장할 수 있지요. 샌드위치나 파스타에 많이 사용되는 베이컨이 바로 돼지고기를 훈제시켜 만든 훈제 음식이랍니다.

공기를 이용한 조리법으로는 훈제 이외에 발효가 있어요. 빵 발효가 대표적이죠. 인류가 빵을 발효시키는 방법을 발견한 건 6000년 전쯤 이집트에서부터예요. 빵 발효법이 발견되기 전 이집트 사람들은 뜨거운 돌 위에 밀가루 죽을 발라 익힌 빵을 만들어 먹었어요. 어느 날 우연히 남은 밀가루 죽이 부풀어 오른 걸 발견했는데, 그 반죽을 구웠더니 부피가 두세 배 늘어난 빵이 만들어진 거예요. 발효는 불과 물의 열로 식물이나 동물의 고기를 익히는 단순한

 # 제빵의 탄생

조리가 아닌 미생물이 유기물을 분해해 영양분을 만들어 내는 발전된 조리 기술이었죠. 이를 계기로 이집트에서 세계 최초의 식품 가공업인 제빵업이 탄생하게 되었어요. 오늘날 우리가 흔히 먹는 빵은 사람과 식물 그리고 미생물이 합작한 결과물인 거예요.

1880년대에는 곡식을 가루로 만드는 기계인 롤러 제분기가 발명되어 흰 밀가루가 널리 보급되었어요. 빵을 쉽게 발효시켜 주는 효모도 판매형 효모가 출현해 제빵사들이 더욱 편하게 빵을 만들 수 있게 되었죠. 효모가 발효하면서 생기는 이산화탄소는 반죽이 구워질 때 빵 속에 구멍을 숭숭 만들어요. 그 구멍 속에 공기가 갇혀 빵의 풍미를 더욱 풍부하게 해 주죠.

빵이 발명되기 전 서구의 주식은 보리였어요. 하지만 밀가루를 이용해 만든 빵이 발명되면서부터 밀이 보리를 뛰어넘는 가장 중요한 곡식이 되었죠. 밀은 중동의 비옥한 땅에서 기원전 3000년 전 유럽으로, 기원전 2000년에는 아시아로 퍼져 나갔어요. 1492년 이후에는 아메리카 대륙까지 퍼져 나가 가장 많은 사람들이 섭취하는 곡물의 제왕이 되었죠.

사람들은 보통 밀 껍질을 완전히 벗긴 하얀 밀가루로 만든 흰 빵을 선호했어요. 식감이 엄청 부드러웠거든요. 제분기가 발명되기 전에는 주로 높은 신분을 가진 사람들이 흰 빵을 먹었어요. 경제적으로 넉넉하지 않았던 낮은 신분의 사람들은 껍질을 벗기지 않은 통밀빵처럼 식감이 거친 검은 빵을 먹었어요. 제분기가 발명된 이후에야 흰 밀가루가 널리 공급되어 흰 빵이 보편화되었지요. 요즘은 정미된 흰 밀가루에는 배아와 같은 영양분이 없고, 건강에 좋지 않다는 것이 알려지면서 통밀빵을 찾는 사람들이 더욱 많아지고 있어요.

우리나라에도 대표적인 발효 음식이 있는데요, 바로 김치예요. 김치는 흙으로 조리한 음식이라고도 할 수 있어요. 어떻게 흙으로 음식을 만드냐고요? 포도를 와인으로, 콩을 된장과 간장으로, 쌀을 술과 식초로, 생선을 젓갈로 만든 것도 모두 흙이랍니다.

지금처럼 음식의 저장 기간을 늘려 주는 냉장고가 발명되기 전, 발효는 음식을 상하지 않게 하는 주된 보관 방법이기도 했어요. 흙을 파서 만든 구덩이 안쪽에 나뭇잎을 깔아 식재료를 넣어 두면 흙이 온도를 일정하게 유지시켜 주고 유용한 미생물이 활동하도록 도와 발효가 잘되었죠. 이때 식품을 보관하는 데 도움이 되는 젖산이 만들어져요.

우리나라에서는 흙구덩이에 음식을 바로 넣지 않고 음식을 넣은 항아리를 땅에 묻어 음식을 보관해 발효시켰어요.

많은 학자들이 인류가 과일을 따거나 채소를 캐러 다니는 채집 생활에서 농경 생활로 옮겨 갈 수 있었던 이유 중 하나로 발효를 통한 식품 저장을 꼽아요. 음식을 발효시키면 몸에 유익한 균과 같은 영양분이 더해지고 오랫동안 보관할 수 있어 수확기가 아니거나 흉년이 왔을 때도 계속해서 음식을 섭취할 수 있기 때문이죠. 늦가을에 담가 땅에 묻어 발효시키는 우리나라의 김장 김치도 채소가 나지 않는 추운 겨울에 채소의 영양분을 섭취할 수 있도록 한 우리 조상들의 지혜가 담긴 발효 음식이에요.

어떤가요? 단순히 음식을 만드는 기술 정도로 생각했던 조리는 인류의 농경 생활을 가능하게 하고, 추운 겨울에도 채소를 먹을 수 있도록 해 주었어요. 단순히 빵을 만드는 방법 중 하나로 생각했던 발효는 서구 사회에 널리 보급되면서 서구의 주식을 보리에서 밀로 바꾸었지요. 발효로 만들어진 알코올은 약품으로 만들어져 사람들의 수명을 연장시키는 데 도움을 주기도 했답니다.

이처럼 조리 기술은 단순히 음식을 만드는 것을 넘어 세상을 바꾸는 큰 힘을 가지고 있어요. 여러분도 채소를 씻거나 다듬는 쉬운 조리부터 조금씩 음식을 만들어 먹기 시작해 보아요. 지금 당장은 눈에 보이지 않지만 많은 사람들이 함께 움직인다면 몸도 마음도 더욱 건강한 사회를 만들어 나갈 수 있을 거예요.

날것과 익힌 것, 무엇이 다를까?

우리 인류는 음식을 익혀 먹기 시작하면서 식재료를 잘 소화시키고 영양분도 더 효과적으로 섭취할 수 있게 되었어요. 과일처럼 별다른 조리 없이 날것으로 먹어 영양분을 섭취하기도 했지만 각각의 식재료에 맞는 적절한 조리법을 활용해 더 많은 영양분을 효과적으로 섭취했지요. 딱딱한 쌀을 씻어 불리고 끓는 물에 익혀 만든 밥은 씹기에 부드럽고, 소화와 흡수를 돕는 소화 효소의 작용이 활발해져 소화가 더 잘 되는 것처럼 말이에요.

쌀을 밥으로 만드는 것처럼 각 식재료는 특성에 따라 적절한 조리법을 가지고 있어요. 채소의 경우 생으로 먹는 것도 좋지만 물에 살짝 데쳐 양념해 나물로 먹으면 소화도 잘 되고 채소 특유의 쓴 맛을 없앨 수 있어요. 어떤 양념을 하느냐에 따라 원래 채소에는 없던 영양분을 함께 섭취할 수도 있고 특정 영양소를 더 잘 흡수할 수도 있죠. 당근의 경우 기름에 볶으면 비타민A 흡수율을 더 높일 수 있답니다. 무는 조리하지 않고 생으로 먹는 것보다 말려서 각종 양념에 무쳐 먹으면 칼슘을 더 많이 섭취할 수 있어요. 흔히 무말랭이 무침이라고들 하지요. 익혀서 먹으면 좋은 채소로 잘 알려진 토마토도 생으로 먹을 때보다 올리브기름에 볶거나 물에 살짝 익혀 먹으면 항암 작용을 하는 라이코펜을 더 잘 흡수할 수 있어요.

발효시켜 맛과 영양을 높이고 보관 기간을 늘렸던 김치처럼 조리법을 잘 활용하면 음식의 저장 기간도 늘릴 수 있지요. 생 식재료는 음식 자체가 가진 영양분의 화학 작용으로 색이 변하거나 조직이 연해지는 등 변질이 잘 일어나요. 특히 화학 작용이 일어나기 쉬운 온도와 습도로 인해여름에는 음식이 빨리 상하죠. 음식을 익히거나 양념을 하면 이런 화학 작용이 덜 일어나서 음식이 쉽게 상하지 않아요. 생선의 살과 내장을 소금에 절인 젓갈이나 각종 과일또는 채소를 장에 담근 장아찌는 우리 조상들의 기발한 지혜가 담긴 대표적인 저장성이 좋은 식품이죠.

생 식재료에는 식중독처럼 질병을 일으키는 미생물이나

오염 물질이 묻어 있을 수 있어요. 물로 씻는 것만으로는 깨끗하게 닦아 내기 어려운 오염 물질은 물에 끓이거나 기름에 구우면 소독되어 위생적으로 더 안전해요. 특히 독성이 있는 미생물이 활발하게 움직이는 여름철에는 생 음식보다 익힌 음식을 먹는 것이 훨씬 안전하지요.

음식을 다양한 방법으로 조리해 먹으면서 인류는 음식을 더 오랫동안 보관하고, 영양분을 효율적으로 섭취했을 뿐만 아니라 질병을 예방한 거예요.

맛있는 음식만큼 우리를 즐겁게 하는 게 있을까요? 이 또한 조리 기술이 있기에 느낄 수 있는 즐거움이지요. 아무리 신선한 식재료라 한들 맛있게 먹을 수 있는 음식으로 조리하지 않으면 그림의 떡이에요. 여러 가지 방법으로 식재료를 조리해 만든 음식은 날것과는 다른 맛과 향을 지니고 있어요. 완성된 음식도 조리법에 따라 각각 다른 맛을 지니고 있지요. 같은 국수 종류라 하더라도 잔치국수, 비빔국수, 칼국수 등의 맛이 모두 다른 것처럼 말이에요. 잔치국수도 육수를 무엇으로 냈는지, 어떤 고명을 얹었는지에 따라 맛이 다 다르겠지요.

다양한 조리법에 따른 음식들이 가진 각 개성은 지역이나 집단에 따라 독창적인 음식 문화로 발전해 세상을 더욱

풍성하게 만들어요. 만약 식재료를 손질해 삶거나 굽고, 튀기는 조리 기술이 없었다면 인류는 태초의 모습 그대로 날것을 먹으며 살아갔을 거예요. 만약 정말 조리 기술이 없었다면 세상은 어떤 모습으로 변했을까요? 여전히 먹을 것을 구하기 위해 이곳저곳을 떠돌아다니는 생활을 했을지도 모르는 일입니다.

음식을 만들며 느끼는 함께라는 가치

인류는 식재료를 조리하면서 맛과 영양이 풍부한 음식을 더욱 안전하게 먹을 수 있게 되었어요. 각 지역의 특산물은 그 지역의 개성을 살린 조리법을 통해 지역 음식이라는 문화가 되었고, 각종 축제와 유통업이 발달하면서 음식 문화는 더 많은 사람들이 함께 즐기는 것이 되었어요. 음식은 혼자 먹어도 맛있지만 함께 나누면 즐거움은 배가 되지요.

그런데 오늘날 음식을 집에서 직접 해 먹는 가정이 점점 사라지면서 가족 식사나 다른 사람과 함께하는 식사의 비율이 크게 줄었어요. 사람들과 함께 진지한 얘기나 즐거움을 나누는 식사가 아닌 TV 시청이나 스마트폰 게임 등 다른 일을 하며 혼자서 간단히 때우는 식사가 늘어나고 있지요.

두 가지 일을 동시에 하니 효율적이기도 하고 편하다고 생각해서일까요? 하지만 이런 식사는 제대로 된 식사라고 하기 힘들어요. 우선 음식 자체의 맛과 영양의 균형이 잡혀 있지 않을 뿐더러 다른 일에 집중하며 식사를 하니 음식을 제대로 섭취할 수 없지요. 만약 어릴 때부터 이런 식사를 하게 된다면 가족 간에 대화할 시간이 줄어들고 아이들의 식습관에 부정적인 영향을 끼칠 수도 있답니다.

음식을 함께 만들어 먹으면 이런 문제들을 해결하는 데 도움이 돼요. 조리는 가족이나 친구 관계를 개선하는 데 좋은 수단이 될 수 있거든요. 특히 음식을 함께 만들면 일의 부담이 줄어드니 힘도 덜 들겠지요. 음식이라는 공동의 목표를 위해 서로 일을 분담하고 도우며 친밀해지는 계기를 만들 수도 있어요. 성적처럼 좋은 성과를 내지 않아도 되는 일이니 부담도 적어요. 게다가 사람은 누구나 음식을 먹어야 하기에 조리는 누구든 함께하기 좋은 일이지요. 이런 점에서 바쁜 현대 사회에 사람 간의 정과 배려를 예전만큼 찾아보기 힘든 요즘, 음식을 함께 만드는 조리는 사람들에게 다가가기 좋은 활동이라고 할 수 있죠.

음식 문화에서는 특히 배려가 중요해요. 배려하는 마음으로 식재료를 대하고 음식을 만들면 그 음식을 먹는 사람에게 이롭고, 먹는 즐거움도 함께 느낄 수 있어요. 더 나아가 싱싱한 식재료를 땀 흘려 수확한 사람들에 대한 감사한 마음을 가질 수도 있어요. 우리가 다양한 식재료로 음식을 함께 만들어 먹으면서 사회를 이루는 많은 사람들과 어울려 살아가는 삶에 대해서도 생각해 볼 수 있어요.

오늘날 우리는 빠른 속도와 효율이 중시되는 세상에서 살아가는데요, 많은 것들의 잣대가 더 빠르고 더 좋은 것을 원하는 효율성에 맞추어지면서 사람들 간의 배려와 정이 사라지고 있어요. 돈과 상품이 지배하는 시장이 사람들 간의 관계에 기초한 사회보다 위에 서게 된 거지요. 그러면서 사람보다 돈이 더 중요해지는 세상이 되어 가는 건 물론이고, 자연도 돈을 버는 수단으로 무분별하게 이용되고 있어요. 자연과 공생해야 하는 세상이 욕심 많은 사람들로 인해 파괴되고 있지요. 기름졌던 땅과 바다는 각종 화학 비료나 공장 폐수로 더럽혀지고, 횃대에 올라가 잠을 자던 닭은 자기 몸 크기와 비슷한 좁은 닭장 속에서 평생 알을 낳는 도구로 취급되어요.

더 많은 것을 얻기 위해 자연을 파괴한 사람들은 정말

원하는 대로 더 많은 것을 얻게 되었을까요? 이제는 우리가 더 빠른 성장과 부를 얻기 위해 욕심 부리기보다는 배려와 공생의 가치를 찾아야 할 때가 아닌가 생각됩니다. 조리는 이를 위한 탁월한 수단이 될 수 있어요.

조리 기구는 음식을 더 간편하고 쉽게 만들기 위해 만들어졌어요. 필요에 의해 만들어진 인간의 발명품이지요. 그중에서도 솥은 가장 오래된 조리 기구입니다. 음식을 불에 직접 구워 먹는 방식이 최초로 등장한 다음으로 솥을 이용해 물을 끓여 음식을 익히는 방식이 새로 생겨났어요. 사람들은 음식을 편하게 썰기 위해서 칼과 도마를 만들었어요. 지금은 용도에 따라 많은 종류의 칼과 도마가 시중에 판매되고 있지요. 팥, 콩과 같은 식재료를 잘게 부수기 위해서는 맷돌을 만들고, 곡물의 껍질을 벗기기 위해 가루를 내거나 떡을 만들 때 사용하는 절구를 발명하는 등 사람들은 음식을 더욱 간편하게 만들기 위해 각종 조리 기구들을 발명했어요. 맷돌이나 대형 절구의 경우 지금은 가정에서 쉽게 찾아보기 힘든 조리 기구들이지만 이 도구를 토대로 믹서와 소형 절구가 만들어졌지요.

조리 기구가 매우 발달한 지금은 과거보다 음식을 만들기 훨씬 편해졌어요. 음식을 만드는 데 도움을 주는 다양한 조리 기구들이 개발되고 상품화되어 있지요. 조리 기구는 크게 가정용과 업소용으로 나눌 수 있어요. 주로 가정용은 수동 기구, 업소용은 자동 기구가 많아요. 예를 들면 당근을 채 썰 때 가정용 채칼은 직접 손으로 칼에 당근을 밀어 채 썰지만, 대량으로 음식을 만드는 데 주로 사용되는 업소용 채칼은 자동화 기계이기 때문에 기계에 당근을 넣으면 자동으로 당근이 채 썰어져 나와요.

음식을 더욱 편하게 만들 수 있도록 도와주는 조리 기구는 용도에 따라 적절한 것을 선택해서 사용하면 되는데요, 같은 썰기용 기구라도 용도가 제 각각 다르답니다. 썰기용 기구 중 하나인 칼은 식재료를 썰거나 모양을 낼 때 사용하는 조리 기구인데요, 칼은 특히 용도에 따라 사용하면 더욱 편리해요. 채소를 썰 때, 고기를 자를 때, 과일의 껍질을 벗길 때 사용하는 칼의 종류가 모두 다르거든요. 감자나 고구마 껍질을 벗길 때는 일반 식칼보다 감자칼을 사용하면 훨씬 편해요. 대신 채소를 숭덩숭덩 썰 때는 식칼을 사용하는 것이 수월하겠지요. 과일의 껍질을 벗길 때는 식칼보다 크기가 작은 과도를 사용해요. 그리고 모든 칼은 사용한 다음 충분히 씻은 후에 건조해야 세균이 생기지 않아요.

칼을 포함한 다양한 조리 기구들 덕분에 조리 시간이 크게 줄었는데요, 특히 인류의 삶을 바꾸어 놓았다고 할 만한 조리 기구가 있어요. 바로 냉장고입니다. 냉장고도 조리 기구냐고요? 음식을 만들거나 만든 음식을 저장하는 데 사용되는 도구이니 조리 기구라고 할 수 있지요.

오래전부터 사람들은 음식을 좀 더 오랫동안 보관할 수 있는 방법을 생각해 왔어요. 냉장고가 없던 과거에는 땅을 파서 시원한 굴속에 음식을 저장하거나 밀봉한 음식을 차가운 물속에 넣어 두었지요. 그러던 어느 날, 1748년 영국의 과학자 윌리엄 컬런이 최초로 인공 얼음을 만드는 데 성공했어요. 1862년에는 냉장고의 아버지라 불리는 제임스 해리슨이 처음으로 공업용 냉장고를 개발했지요. 1911년에는 드디어 가정에서도 사용할 수 있는 최초의 가정용 냉장고가 등장했어요. 처음에는 기술이 부족해 일 년에 약 40대밖에 생산할 수 없었던 냉장고는 엄청난 속도로 발전해 오늘날에 이르렀지요. 우리나라에서는 1965년 금성이라는 회사에서 처음 냉장고를 출시했어요. 금성은 바로 오늘날 TV, 노트북, 냉장고 등 가전제품으로 유명한 LG전자라는 회사예요.

냉장고와 함께 김치 맞춤 냉장고인 김치 냉장고, 음식을 짧은 시간에 덥힐 수 있는 전자레인지, 버튼만 누르면 불 조절 없이도 알아서 밥을 해 주는

전기밥솥 등 기술의 발전으로 많은 조리 기구들이 보급되었고, 사람들은 더 빠르고 편하게 음식을 만들 수 있게 되었어요. 특히 전기밥솥의 경우 예약 기능을 활용하면 집에 있지 않더라도 원하는 시간에 맞추어 밥을 지을 수 있어요.

이처럼 조리 기구는 사람들로 하여금 음식을 만드는 데 일을 덜어 주고, 음식을 오랫동안 보관할 수 있도록 해 주어 삶의 질을 크게 높여 주었어요. 많은 종류의 조리 기구가 개발되었고, 지금도 계속해서 이 기구들이 발전하고 있는 건 사람에게 먹을 것과 그것을 만드는 조리 기술이 삶에서 빼 놓을 수 없을 만큼 매우 중요하다는 증거라고도 할 수 있지요.

3장

조리가 사라지면
어떤 일이 벌어질까?

왜 계속 사 먹게 되는 걸까?

음식을 만들 줄 아는 사람들이 점점 줄어드는 건 단순히 식품 산업이 커진 것만이 그 이유는 아니에요. 요즘은 과거와 달리 맞벌이를 하는 가정이 많아졌는데요, 가족 구성원의 수도 과거에 비해 계속 줄어들고 있지요. 특히 1인 가구의 비율이 날로 늘어가고 있어요. 우리나라의 경우 가사 노동과 직장 생활을 동시에 잘 하기 어려운 구조여서 맞벌이를 하는 가정은 물론이고, 일을 하는 사람들이라면 가정에서 시간과 수고가 드는 조리를 하기란 쉽지 않습니다. 만일 음식을 만드는 데 익숙하지 않은 사람이라면 더 많은 시간을 들여 배워야 하는 전문적인 기술이기도 하고요. 한마디로 조리는 노력이 필요한 기술이지요.

아침은 간단히 먹거나 아예 먹지 않는 사람들도 많아요. 세계적으로 산업화가 이루어지고 일상이 바쁘게 돌아가다

보니 아침을 먹지 않는 현상은 전 세계적으로 퍼져 나가고 있어요. 우리나라도 마찬가지인데요, 아침뿐만 아니라 점심도 급식이나 회사 식당, 편의점 등을 통해 해결하고, 지친 몸을 이끌고 저녁에 집으로 돌아오면 식재료를 다듬어 음식을 만드는 일이 엄두가 나질 않아 많은 사람들이 반조리 식품으로 간편하게 조리해 먹거나 배달 음식을 시켜 먹어요. 이처럼 가정에서는 음식을 만들어 먹기도 하지만 간단히 데우거나 익히기만 하면 먹을 수 있는 즉석 식품이나 반조리 식품을 많이 이용해요. 학교, 회사에서뿐만 아니라 음식을 직접 차려 먹을 수 있는 집에서조차 식품 산업이 밥상을 차지하고 있는 셈이지요.

가정에서 음식을 만들어 먹는 문화와 함께 조리 활동이 사라지고 있는 데는 1인 가구가 큰 비중을 차지하고 있는 데요, 핵가족보다도 더 간소화된 형태의 가구인 1인 가구는 말 그대로 한 가구에 한 명이 홀로 생활하는 형태의 가구를 말합니다. 1인 가구의 경우, 1인분의 식사를 준비하는 시간과 여러 명의 식사 준비를 하는 데 걸리는 시간이 크게 차이 나지 않아 비효율적인 데다가, 비용도 만만치 않아서 음식을 집에서 혼자 만들어 먹기란 쉽지 않아요. 이러한 사정 때문에 끼니를 간편식이나 배달 음식을 시켜 먹는 것으로 해결하는 사람들이 많지요.

음식을 만들어 먹는 사람들이 줄어들면서 자연스럽게 가정과 학교 및 각종 기관에서 실시했던 조리 교육도 소홀해지고 있어요. 음식을 만들어 먹으려면 식재료의 맛과 영양 성분을 알고, 음식을 만들어 먹는 것이 왜 중요한지 알아야 해요. 조리 기구를 다루는 방법과 음식을 만드는 조리법도 배워야 하고요. 조리가 일상에서 자연스럽게 행해졌던 때에는 조리 교육이 중요했고, 그만큼 가정 안에서는 물론 학교나 평생 교육원 등 여러 기관에서 조리 교육이 많이 이루어졌어요.

그런데 지금은 음식을 굳이 만들어 먹지 않아도 되는 사회가 되었어요. 생명을 유지하기 위해 식재료를 구하고 음식을 직접 만들어 먹어야 한다는 건 옛말이 되었죠. 차라리 생명을 유지하기 위해선 돈을 벌어야 한다는 것이 사람들에게 더 설득력 있는 말일 거예요. 오늘날 조리는 모든 사람이 아닌 일부 사람만이 선택해 실천하는 선택 기술이 되었거든요. 전문적으로 음식을 만들거나 조리에 취미를 둔 몇몇 사람들이 즐기는 취미 정도의 활동이 되어 가고 있지요. 조리 교육을 하는 곳들도 많이 줄어들었고요.

실제로 학교에서는 성적을 위한 입시 교육 위주의 방침

으로 조리 실습 시간을 입시 과목으로 대체하는 곳들이 늘어나고 있어요. 성인들의 평생 교육 조리 수업도 운영이 잘되지 않는 실정입니다. 가정에서도 더 이상 아이들에게 음식 만드는 법을 가르치지 않게 되었어요. 조리를 배우지 않은 아이들은 음식을 만들 줄 몰라도 언제 어디서나 사 먹을 수 있는 식당과 편의점이 있으니 조리 기술의 필요성과 중요성을 생각하지 못하고 있고, 걱정하지도 않게 되었지요.

이처럼 점점 조리의 가치가 떨어지고, 실제로 음식을 만들어 먹는 사람들이 크게 줄면서 각종 식당과 패스트푸드점, 맞춤형 가공식품을 생산하는 식품 회사 등 식품 산업의 영향력은 더욱 커지게 되었어요. 식품 산업이 커지고 음식을 사 먹는 것 자체가 잘못된 건 아니에요. 식품 산업의 성장과 함께 수많은 일자리가 만들어졌고, 바쁜 현대인들이 음식을 편하게 먹을 수 있는 환경이 마련되었으니까요.

그런데 문제는 사회의 균형이 깨져 버린 거예요. 조리는 오래전부터 인류와 함께 발전하며 우리 삶 깊숙이 스며들었는데요. 조리 기술이 세상에서 점차 사라지면서 음식을 만들면서 배우고 느낄 수 있는 즐거움까지 사라진 건 물론이고, 사회에 여러 가지 문제가 생기기 시작했어요. 조리는 단순히 음식을 만드는 기술을 넘어 우리의 건강과 산업, 농업, 환경 등 개인과 사회의 여러 가지 문제와 얽혀 있는 중요한 기술이거든요. 조리와 우리 사회가 어떻게 연결되어 있는지 지금부터 함께 알아봐요.

식량 창고를 위협하는 산업형 농업!

우리나라는 식량자급률이 매우 낮아서 엄청난 규모의 식량을 외국에서 수입하고 있어요. 식량자급률이란 국내에서 소비하는 식량 중 자국에서 직접 생산하는 식량의 비율을 의미합니다. 식량자급률이 낮은 나라에서는 어떤 이유로 갑자기 식량을 수입할 수 없게 되면 큰 문제가 일어날 수 있어요. 필요한 식량은 많은데 그만큼 공급할 수 없으니 식재료의 가격이 엄청나게 올라가거든요.

상황이 심각해지면 음식을 먹지 못해 굶주리는 사람들이 크게 늘어나면서 식량을 요구하는 식량 폭동까지 일어나게 돼요. 그렇기 때문에 세계의 식량과 농업 사정에 대해 더 많은 관심을 기울일 필요가 있어요. 실제로 2016년 베네수엘라에서 식량 폭동이 일어나 굶주린 사람들이 상점을 약탈하거나 쓰레기통을 뒤지고, 심한 경우 사람을 죽이는 일이 벌어지기도 했어요. 국제 유가가 급격히 떨어져 발생한 경제난이 원인이었지요. 베네수엘라는 원유 수출에 의존하는 나라거든요.

반면 오늘날 세계에서는 적은 비용으로 많은 양의 농산물을 수확할 수 있는 생산성 위주의 산업형 농업 덕분에 엄청난 양의 농산물이 생산되고 있습니다. 하지만 세계의 식량 창고 사정은 조금 다른데요. 소득과 생활 수준이 높은 몇몇 나라에서 필요 이상의 식량을 소비하고 있고, 식재료인 콩과 옥수수를 바이오 연료*로 사용하면서 세계의 식량 재고가 그만큼 더 줄어들고 있어요. 무엇보다 소, 돼지, 닭 등 가축을 기르는 데 엄청난 양의 농산물을 사료로 사용하고 있어요. 사람들이 먹어서 소비하는 농산물보다 바이오 연료나 가축의 사료 등 다른 여러 가지 분야에 훨씬 더 많은 농산물이 사용되어 세계의 식량 창고가 위협받고 있지요. 그럼 대량으로 농산물을 생산할 수 있는 산업형 농업을 더 확대하면 되는 거 아니냐고요?

하지만 산업형 농업에는 몇 가지 문제가 있습니다. 산업형 농업에서는 대부분 생산성이 가장 높은 한 가지 종자

★ 바이오 연료 동식물이나 동물의 배설물 등을 이용해 생산한 에너지.

로 작물을 재배하는 단일 작물 재배 방식으로 농사를 짓고 있거든요. 미국에서는 양상추와 옥수수, 완두콩, 토마토 등의 작물이 거의 단 한 가지 품종으로 재배되고 있어요. 나머지 품종들은 식재료로 쓰이지 않아 재배하지 않으니 사람들의 관심에서 점점 벗어나게 되고, 심각한 경우에는 결국 그 품종이 사라지게 돼요. 즉 멸종하게 되는 거예요. 지금도 지구에서는 한 시간에 3종, 하루에 78종, 1년에 27,000종에 이르는 생물종이 멸종하고 있습니다. 생물 다양성이 빠른 속도로 줄어들고 있는 거지요.

한 연구 기관에서는 생물 다양성의 감소가 점점 더 빠른 속도로 진행되면서 앞으로 25년 동안 세계에 있는 모든 종의 1~10퍼센트가 감소할 것이라고 예측했어요. 이건 당시 최상위 포식자였던 공룡의 멸종을 가져온 백악기 대멸종에 버금가는 수치인데요, 계속해서 작물의 종이 사라진다면 작물을 주식으로 먹고사는 단일종인 인류는 과연 멸종에서 무사할 수 있을까요?

식재료 품종의 다양성을 위협하는 산업형 농업의 확산과 함께 더 이상 사람들이 음식을 만들어 먹지 않으니 식재료에 대한 관심과 지역 농산물의 소비가 줄어들어 각 지역의 토종 종자가 점점 사라지고 멸종의 속도도 빨라지고 있어요. 농민들이 토종 종자로 농사를 지으려면 무엇보다 그 종자로 생산하는 농산물을 원하는 소비자들의 수요가 있어야 해요. 지역 농산물의 주된 소비자는 가정에서 조리하는 사람들이었지요. 그런데 지역 농민들이 손수 농사지어 재배한 작물은 산업형 농업이 기계로 대량 생산해 수확한 작물보다 가격이 비싼데다가 식재료를 사서 음식을 직접 만들어 먹는 사람들의 수가 줄어드니 지역 농산물을 사려는 소비자가 사라질 수밖에요. 농민들은 농산물을 팔 곳이 없으니 종자를 심지 않게 되고 결국 그 종자가 사라지는 악순환이 반복되고 있지요.

산업형 농업에서는 한 가지의 종자로도 엄청난 양의 농산물을 생산해 저렴한 가격에 시장에 내놓아 소비자들이 싼 값에 식재료를 살 수 있다는 장점도 있어요. 그런데 산업형 농업이 점점 커지는 것이 우리의 식량 창고에 왜 문제가 되는 걸까요? 만약 정말 단 한 종자만 살아남은 종자에 치명적인 바이러스가 침투하거나 지구 환경의 변화로 그 종자가 사라진다고 생각해 보세요. 더 이상 그 종자로 농산물을 생산할 수 없는 거예요. 이런 작물이 많아지면 많아질수록 식량 창고는 더 큰 위협을 받게 되겠지요.

식량을 생산하는 여건은 세계적으로도 점점 더 나빠지

고 있어요. 땅이 오염되고, 사막화가 진행되면서 농사지을 수 있는 땅이 줄어들고 있거든요. 산업형 농업에서 적은 비용으로 더 많은 농산물을 수확하기 위해 화학 비료에 의존하고, 쉬는 기간 없이 계속해서 경작지를 무리하게 사용한 것이 그 원인이었어요. 현재 화학 비료 중 하나인 질소 비료의 전 세계 사용량은 1960년대에 비해 8배나 증가했는데요, 무려 8천만 톤이나 되는 어마어마한 양이에요. 농사를 지을 때 이런 화학 비료를 사용하면 비료에 있는 산성 성분이 빗물에 씻겨 내려가 땅을 산성화되게 만들어요. 산성화된 땅은 양분이 적어서 식물이 잘 자라지 못해요. 그럼에도 불구하고 효율성을 중시하는 산업형 농업에서는 여전히 엄청난 양의 화학 비료로 농사를 짓고 있지요.

이뿐만 아니라 산업형 농업은 기계를 이용한 대규모 농사로 지역 농민의 일자리까지 위협하고 있어요. 산업화의 시작과 함께 많은 농부들이 일자리를 찾아 농촌에서 도시로 이동해 지금 우리나라의 농민은 전체 인구의 4퍼센트밖에 안 돼요. 우리나라 인구를 먹여 살릴 식량을 생산하기에 턱없이 부족한 수치이죠. 만약 식량 수입의 길이 막히고 농기계를 작동하기 위해 필요한 석유의 가격이 급등하기라도 한다면 우리나라는 엄청난 식량 문제에 부딪히게 될 거

산업형 농업 무엇이 문제인가?

예요.

하지만 산업형 농업 덕분에 인류는 역사적으로 가장 많은 농산물, 축산물을 생산할 수 있게 되었어요. 저렴한 가격에 농산물을 이용할 수 있게 되었고요. 그리고 많은 사람들이 산업형 농업과 관련된 다양한 분야에서 일하고 있어요. 그럼에도 불구하고 산업형 농업은 환경 오염을 비롯해 식량 창고, 종자 멸종 등 우리의 생존과 직결된 심각한 문제를 일으키고 있기 때문에 대안을 찾으려는 노력이 필요해요.

GMO가 왜 문제일까?

산업형 농업의 가장 대표적인 재배 작물 중 하나인 GMO는 Genetically Modified Organism의 약자로 '유전자 변형 농수산물'이에요. 원래 작물에는 없는 유전자를 인위적으로 주입해 새로운 특성을 더한 품종이 바로 GMO이지요. GMO 작물로는 콩과 옥수수가 대표적이에요. 유럽에서는 이처럼 인위적으로 조작한 GMO에 부정적인 인식이 있어서 GMO를 '유전자 조작 농수산물'이라고 부르기도 해요.

GMO는 농약에 더 강한 내성을 가진 작물을 재배하기 위해 만들어졌어요. 넓은 땅에 대량으로 작물을 재배하려면 주변의 잡초와 벌레를 손쉽게 죽이기 위해 기계로 엄청난 양의 제초제를 뿌려야 하거든요. 제초제는 농작물을 해치지 않으면서 잡초만을 제거하는 약품이에요. GMO 농사와 같이 대규모로 이루어지는 산업형 농업에서 작물의 성장을 방해하는 제초는 아주 중요한 해결 과제인데요, 이러한 점에서 제초제는 농사를 효율적으로 짓는 데 아주 큰 도움이 되지요.

문제는 GMO를 기르기 위해 대량으로 사용되는 제초제에 글리포세이트라는 발암물질이 들어 있어 우리 몸에 안전하지 않다는 거예요. 아무리 깨끗하게 씻어도 어딘가에 발암물질이 여전히 남아 있을 수 있지요. 게다가 GMO가 우리 몸에 정확히 어떤 영향을 미치는지 다 밝혀지지 않았어요. 이 문제 때문에 GMO 수입을 반대하는 사람들이 많아요. 먼 나라에서 우리나라로 수입해 오는 것이니 유통 과정에서 신선도도 많이 떨어질 거고요. 하지만 비용 대비 생산성이 높은 GMO 작물은 가격이 저렴해 많은 식당이나 식품 공장에서 음식을 만들기 위한 식재료로 사용되고 있어요.

특히 가축의 사료로 엄청난 양의 GMO가 소비돼요. 그만큼 소, 돼지, 닭고기와 같은 동물성 식품을 원하는 소비자가 많기 때문이겠지요. 단순히 맛이 좋다는 이유로 더 빨리 더 많은 고기를 얻기 위해 길러지는 동물들은 좁은 우리에서 GMO 사료를 먹고, 필요 이상의 항생제를 맞으며 자라요. 이런 축산업의 형태를 '공장형 축산'이라고 불러요.

공장형 축산은 동물들이 자연스러운 환경에서 자랄 권리를 빼앗고 있어요. 동물의 복지를 침해하는 건 물론이고, 그저 빨리, 많이 생산하기 위해 공장식으로 사육된 고기가 사람에게 어떤 영향을 미칠지도 모르는 일이지요. 좁은 우리 안에서 GMO 사료를 먹고, 성장촉진제와 항생제를 맞히며 억지로 키워 낸 소와 돼지, 닭, 오리에게서 생산된 고기가 과연 우리에게 안전할까요?

GMO는 지역 농민들에게도 골치 아픈 존재입니다. 제초제와 화학 비료로 대량 생산된 GMO는 소비자들에게 매우 싼 값에 공급되거든요. 가격 경쟁에서 밀릴 수밖에 없는 구조로 지역 농민의 경제를 위협하고 있지요.

게다가 해외에서는 바람이나 벌, 나비와 같은 곤충들에 의해 GMO의 꽃가루가 날려 기존의 토종 식물 종자에 영

향을 끼치는 종자 오염 사례가 밝혀지고 있어요. 다행히 우리나라에서는 GMO를 수입하고 있지만 GMO 재배는 금지하고 있지요. 일부 유럽 국가를 포함한 많은 나라들이 건강 문제와 종자 오염 문제를 이유로 GMO 경작과 수입을 금지하고 있어요.

가공식품에 사용된 모든 GMO를 무조건 표기해야 하는 'GMO 완전 표시제'를 도입하는 국가도 점점 늘어나고 있지요. 우리나라는 GMO 부분 표시제를 실시하고 있어서 식품에 어떤 GMO 농산물이 사용되었는지 완전히 알기란 쉽지 않습니다. 직접 식재료를 구매해 음식을 만들어 먹지 않는 이상 GMO 섭취를 피하는 건 어려운 일이지요.

음식을 만들어 먹는다는 건 곧 농업과 연결되는 일이에요. 우선 음식을 만들려면 식재료를 직접 길러 수확하거나, 마트나 시장에서 농산물을 구입해야 하니까요. 우리가 자주 먹는 음식들을 생각해 보세요. 농산물이 들어가지 않은 음식은 없어요. 가정에서 만들어 먹는 음식이든, 식당에서 사 먹는 음식이든, 편의점에서 사 먹는 가공식품이든 모든 음식에 농산물이 사용돼요. 고기의 경우에도 가축을 기르기 위해 많은 양의 농산물이 사용되었지요.

그런데 만약 식재료를 통해 연결된 소비자와 농민과의

관계가 단절되면 우리의 먹을거리를 책임지는 농업에 대한 관심도 멀어지게 될 거예요. 음식을 만들어 먹는 사람들이 점점 사라질수록 식재료를 생산하는 농업에 대한 관심이 줄어드는 건 당연한 일이지요. 내가 먹은 음식을 이루고 있는 식재료가 어디서, 어떻게 자라는지에 대한 사람들의 관심이 사라지면 식당에서 음식을 만들거나 공장에서 식품을 생산하는 생산자들도 건강한 식재료에 대한 관심이 지금보다 더 줄어들게 될 거예요. 그럼 GMO처럼 건강과 환경에 해로운 산업형 작물이 더 많이 소비되고, 생산되는 악순환이 반복되겠지요. 이런 악순환의 고리를 끊어 낼 방법에 대해 계속해서 고민하고 실천하지 않는다면 우리 밥상은 결국 GMO가 지배하게 될지도 모르는 일입니다.

음식을 만들어서 환경을 지킬 수 있다고?

우리나라에서 소비되는 모든 GMO는 해외에서 수입되고 있어요. 우리나라에서는 GMO 생산을 법으로 금지하고 있기 때문이지요. 해외에서 수입하는 각종 식재료는 식품 공장에 도착하기까지 길고 복잡한 이동 과정을 거치는

데요, 그 과정에서 다량의 이산화탄소가 발생해요. 산업형 농업에서는 대부분 기계로 농사를 짓는데, 화석 연료로 작동하는 이 기계들도 이산화탄소를 배출하지요. 식품을 가공하는 공장에서도 마찬가지예요. 산업형 농업은 식재료 생산부터 음식 가공까지 엄청난 양의 이산화탄소를 배출하는 거예요. 이산화탄소는 지구온난화를 일으키는 주범이지요.

음식을 직접 만들어 먹는다면 어떨까요? 국산 식재료가 있다면 수입 식재료 대신 우리 땅에서 나고 자란 우리 식재료를 구매하는 것이 좋겠지요. 파나 상추처럼 집에서도 쉽게 키울 수 있는 작물은 직접 키워 식재료로 사용한다면 이산화탄소 배출을 거의 0퍼센트로 줄일 수 있어요. 식물을 키우고 수확하는 기쁨은 덤으로 얻을 수 있겠지요. 땀 흘려 일하는 농민들의 마음도 알 수 있을 테고요.

모든 식재료를 직접 기르고 수확해 음식을 만든다는 건 현실적으로 어려운 일이에요. 중요한 건 내가 실천할 수 있는 선에서 세상을 위해 노력하는 태도이지요. 만약 나와 식품 산업 가운데서 음식을 만드는 주체의 균형을 맞추지 못하고 사 먹는 음식에 모든 걸 의존하게 된다면 환경은 물론이거니와 음식을 만듦으로서 얻을 수 있는 많은 것들을 놓

치게 될 거예요.

문제는 이뿐만이 아니에요. 식품 공장이나 패스트푸드점에서는 정해진 규격의 식재료만을 사용하는 경우가 많은데요, 이 때문에 아깝게 버려지는 농산물이 엄청 많아요. 예를 들어 맥도날드에 납품하는 감자 농장에서 프렌치프라이를 만드는 크기에 미치지 못하는 감자는 납품하지 못하고 버려지게 돼요. 그런데 만약 집에서 감자 요리를 해 먹는다고 생각해 볼까요? 감자의 크기나 생김새는 감자를 조리하는 데 맛과 영양에 아무런 문제가 없으니 모든 감자가 음식으로 만들어질 거예요. 규격에 맞지 않거나 외관상 상품성이 떨어진다는 이유만으로 먹기에 멀쩡한 식재료가 버려진다는 건 엄청난 낭비이지요.

게다가 배달 음식이나 가공식품을 먹을 때 생기는 어마어마한 양의 일회용 수저와 플라스틱 용기, 냅킨, 포장지 등 다른 쓰레기의 양도 엄청나요. 일반 식당에서도 매일 많은 양의 음식물 쓰레기가 배출됩니다. 가정에서 남긴 음식은 보관해 두었다가 다음 식사 때 먹을 수 있지만, 식당에서는 남이 먹던 음식을 판매할 수 없으니 손님이 남긴 음식은 결국 모두 버려지게 되지요.

여러 가지 이유로 버려진 음식물 쓰레기는 땅에 묻히거

나 태워지는데요, 우리나라에서 이렇게 음식물 쓰레기를 처리하는 비용이 무려 1년에 20조 원이나 된다고 해요. 이 돈은 2020년을 기준으로 우리나라의 모든 대학생들에게 1년 치 전액 장학금을 줄 수 있을 만큼 큰 금액이지요.

특히 이런 쓰레기들을 땅에 묻는 경우 심각한 악취에 쥐와 온갖 벌레들이 몰려드는 것도 문제가 되고 있어요. 매립지에서 흘러나온 오염된 물은 강이나 바다로 흘러가 수질 오염을 일으키지요. 땅에 묻힌 플라스틱은 500년 동안이나 땅속에서 분해되지 않고 그대로 남아 있고요. 바다로 흘러 들어간 플라스틱은 시간이 흘러 아주 작은 크기의 미세 플라스틱이 되어 해양 생태를 해치고 있어요. 그리고 그 미세 플라스틱을 먹은 생선과 각종 수산물은 다시 우리 밥상에 놓이게 돼요. 연간 수산물 소비량이 매우 큰 우리나라는 다른 나라보다 약 3배가 넘는 양의 미세 플라스틱을 섭취하고 있다고 합니다. 눈에 보이지 않는다고 해서 문제가 발생하지 않는 건 아니지요.

어떻게 하면 버려지는 음식물 쓰레기를 줄일 수 있을까요? 답은 간단해요. 여러 가지 이유로 낭비되고 있는 음식을 버리지 않고 조리해 먹는 거예요. 지금 지구에는 78억 명의 사람들이 살고 있는데, 이 중 약 9억 명 정도가 먹을

조리는 어떻게 쓰레기를 줄이는가!

음식이 없거나 사 먹을 돈이 없어 굶주리고 있어요. 한편 어떤 곳에서는 많은 양의 음식을 먹고 남기거나, 상품성이 없다는 이유로 버려지고 있지요. 음식물 낭비를 줄이는 건 환경을 지키는 건 물론이고, 더 많은 사람들이 음식을 먹을 수 있게 하는 일이에요.

우리 조상들은 음식을 남기지 않는 전통을 이어 왔는데요, 쌀 한 톨도 소중히 여기고, 먹고 남은 음식을 가축에게 주어 음식을 버리지 않는 생활을 해 왔지요. 음식을 남기면 복이 달아난다는 옛말도 있잖아요. 사찰의 스님과 불교 신도들은 발우공양이라 하여 음식을 남김없이 먹는 식사법을 지켜 오고 있어요. 오늘날 우리는 음식을 먹을 만큼만 만들어 먹고, 필요 이상의 배달 음식이나 외식을 줄이는 것으로 나와 우리가 사는 지구를 위해 행동해 볼 수 있어요.

무엇이든 균형이 깨지면 무너지기 마련입니다. 음식도 마찬가지예요. 사 먹는 음식에 의존해 정말 모든 가정에서 조리 기술이 사라지는 날이 온다면 건강, 농업, 환경 등 세상의 많은 것들이 무너지게 됩니다. 우리 모두가 조금씩 짐을 덜어 조리를 배우고 음식을 만들어 먹는다면 무너지고 있는 음식과 연결된 많은 것들을 다시 일으켜 세울 수 있어요.

푸드 디스코라는 음식 페스티벌을 아시나요? 푸드 디스코는 맛과 영양에는 아무 문제가 없지만 외관상 상품성이 떨어지거나 규격에 미달되어 시장에 팔리지 못하고 버려지는 이른바 'B급 농산물'의 가치를 알리는 음식 행사입니다. 독일에서 시작된 푸드 디스코는 지금도 계속해서 전 세계로 퍼져 나가고 있어요.

음식이 상품으로 판매되는 오늘날, 흠집이 났거나 모양새가 예쁘지 않는 등 여러 가지 이유로 상품성이 없다고 판단되는 식재료는 시장에서 상품으로 인정받지 못하기 때문에 폐기 처분되는 경우가 많아요. 아까운 자원이 낭비되고, 음식물 쓰레기가 늘어나는 주된 원인 중 하나지요. 실제로 충분히 먹을 수 있지만 상품 가치가 떨어진다는 이유로 버려지는 식품의 양이 전 세계 식품 소비량의 약 1/3이나 된다고 해요. 13억 톤이나 되는 어마어마한 양이지요.

이렇게 아깝게 버려지는 B급 농산물의 문제를 알게 된 독일의 청년들은 B급 농산물 식재료를 가져다 디스코 음악에 맞추어 음식을 만들고, 행사에 참석한 사람들과 함께 나누어 먹었어요. 푸드 디스코의 시작이었지요. 작은 규모로 시작되었던 푸드 디스코의 인기는 점점 커져 세계적으로 퍼져 나갔어요.

푸드 디스코에 참여한 젊은이들은 조리의 주체가 되어 음식을 직접 만들었습니다. 어릴 때부터 외식이나, 패스트푸드, 가공식품 등 사 먹는 문화에 더 익숙하고, 따로 제대로 된 조리 교육을 받지 않은 이들이 모여 음식을 만들기 시작한 건 사회에 중요한 시사점을 제공했어요. 누구든 음식을 만들 계기와 여건이 주어지면 조리를 한다는 것이었지요.

버려지던 B급 농산물이 소비되자 사람들은 보기에 예쁘지는 않지만 먹는 데에 아무런 문제가 없는 B급 농산물에 주목하기 시작했고, 이 시장은 점점 더 커지고 있어요. 농민들의 수익에도 큰 도움이 되고 있지요. 버려질 뻔한 음식을 다시 이용하여 낭비를 줄인 건 당연하고요. 세계에서 먹을 것이 없어 굶는 인구가 무려 9억 명에 달하는데 상품성이 떨어진다는 이유만으로 먹는 데 전혀 문제없는 식품을 버린다는 건 엄청난 낭비이고 말이 안 되는 일이에요.

푸드 디스코에 참석해 음식을 함께 만들고, 나누어 먹은 사람들은 자연

스럽게 식재료를 생산하는 농업과 농민에 대해 관심을 갖게 되었어요. 도시에 살고, 사 먹는 음식에 익숙한 이 사람들이 농가에 관심을 가지고 땀 흘려 수확한 식재료의 가치에 대해 알게 된 거예요. 이들은 음식의 가치와 음식을 나누는 즐거움을 아는 '음식 시민'으로 성장했어요.

우리나라에서는 슬로푸드 운동을 하는 청년 단체인 슬로푸드 청춘네트워크에서 '요리가무'라는 이름으로 푸드 디스코를 몇 차례 개최해 관심을 끈 적이 있어요. 식재료와 음식을 만드는 것에 관심이 부족한 세대인 젊은 청년들이 B급 농산물을 알리는 행사에 주목하고, 실제로 실천했다는 건 대단한 일이에요. 우리나라 젊은이들이 우리 몸과 사회에 좋은 영향을 미치는 건강한 음식과 그 음식을 만드는 조리에 대해 더 가까워질 수 있도록 많은 격려와 관심이 필요해요.

4장

조리는 우리 사회와 어떻게 연결되어 있을까?

조리는 우리 농가를 지키는 희망의 씨앗

조리는 단순히 우리의 건강에만 영향을 미치지 않아요. 나의 몸은 물론이고 우리 사회를 이루는 공동체의 구성원들에게도 큰 영향을 미치고 있지요. 특히 식재료를 생산하는 농업에 큰 영향을 주고 있어요. 조리 기술이 없다는 건 단순히 음식을 만들어 먹지 못하는 것에 그치지 않고, 우리의 먹을거리를 책임지는 농민을 위협하는 문제로 이어진다는 거예요.

인류의 농업이 시작된 시기는 약 11000년 전부터입니다. 농사를 짓기 전에는 동물을 사냥하거나 이동하며 구한 먹을거리로 음식을 섭취했어요. 하지만 언제 어디서 짐승이 나올지 알 수 없었고, 계속 걸어 다니면서 먹을 것을 구하는 데에도 한계가 있어 이 방법으로는 계속해서 공동체의 구성원들이 충분히 먹을 식량을 얻을 수 있을지 예측할 수 없었어요. 위험하기도 했고요. 그들의 삶에 있어 가장 큰 과제는 식량 확보였지요.

주로 남성들이 밖으로 나가 먹을거리를 구하러 다니고, 여성들은 아이를 돌보며 거주지 안에서 생활했어요. 그때 여성들이 먹고 버린 씨앗이 자라 열매를 맺는 걸 우연히 보고 거주지 주변에 씨앗을 뿌려 가꾸기 시작했어요. 이것이 바로 농사의 시작이었어요. 처음으로 농사를 짓기 시작했을 땐 먹을 것을 찾아 돌아다닐 때보다도 더 못한 농산물을 수확했어요. 하지만 음식의 저장 기간을 늘리는 조리 기술이 있었기 때문에 식량이 조금 부족하더라도 계속해서 농사를 이어 나갈 수 있었지요. 이처럼 농사는 조리 기술과 함께 무수한 시행착오를 거치며 점점 더 발전했어요.

인류는 농사지어 수확한 농산물을 익혀 먹기 시작하면서부터 더 많은 종류의 곡물과 채소를 먹을 수 있게 되었어요. 불을 이용한 조리는 딱딱한 곡물을 익혀 부드럽게 하고, 채소를 데쳐 쓴 맛을 없애고, 독성이 있는 식물의 독을 제거했지요. 이처럼 조리는 식용으로 사용할 수 있는 작물의 범위를 넓혀 다양한 품종의 농사를 가능하게 했어요. 그 덕분에 사람들은 농산물을 더욱 효율적으로 활용할 수 있게 되었지요.

조리 기술이 발전해 음식을 저장할 수 있는 기간이 늘고, 만들어 먹을 수 있는 음식의 종류가 많아지자 농산물에 대한 수요도 크게 늘어났어요. 늘어난 농산물 수요에 맞추어 농업은 더욱 발전하게 되었고, 지금에 이르러서는 더 많은 작물을 재배할 수 있는 농업 기술의 개발이 이루어졌어요.

농사법과 농기계 등의 농업 기술이 발전하자 소비자들의 요구에 맞추어 특정 작물을 많이 재배하거나 품종을 개량하는 것이 가능해졌어요. 예를 들면 우리나라에서 국, 찌개를 포함해 각종 반찬과 음식에 꼭 들어가는 마늘을 대량으로 재배하고, 더 나아가 기존의 마늘보다 향이 더 강하고 크기가 큰 새로운 마늘 품종을 개량하는 것처럼 말이에요. 바나나의 경우 씨앗이 많아 먹을 수 없는 야생 바나나를 씨앗이 없는 바나나로 품종을 개량해 바나나를 먹을 수 있게 되었지요. 이처럼 조리는 농업의 발전에 큰 영향을 주었어요. 조리 기술이 발전하지 않았다면 아마도 지금처럼 농업이 발전하지 못했을 거예요.

오늘날 대부분의 농가에서는 농사를 지을 때 이미 시장에 판매되고 있는 상품화된 종자를 사용하는데요, 주로 산업형 농업에서 개발한 생산성이 높은 종자들이지요. 하지만 예전에는 농부들이 직접 개량한 종자로 농사를 지었어요. 농부들이 개량한 종자는 다음 세대가 물려받아 계속해서 농사를 지어 나갔지요. 농사지은 작물로부터 다시 그 종자를 수확하고 보관했다가 그 다음 해에 심는 과정을 반복해 종자를 지켜 나간 거예요.

특히 수천 년간 농부들이 종자를 지킬 수 있었던 건 그 종자로 재배한 농산물이 식재료로 활용되었기 때문이에요. 그렇지 않은 종자들은 사라지고 말았지요. 만약 사람이 먹으면 죽음에 이를 수 있는 독성분을 지닌 마늘 종자가 있다고 생각해 볼까요? 독이 든 마늘을 식재료로 이용할 사람은 아무도 없겠지요. 그럼 농가에서도 독이 든 마늘 종자로 마늘을 재배하지 않을 거예요.

농부들이 직접 개량한 종자로 농사를 지었을 땐 각 농가마다 가진 종자의 종류가 많았어요. 많은 종류의 종자 중 한 종자가 어떤 이유로 멸종해도 대체할 수 있는 종자들이 충분히 남아 있었지요. 하지만 오늘날에는 기업이 농업을 좌우하는 산업형 농업이 커지면서 생산성이 우수한 종자만을 상품화해 농민들에게 보급하고 있어요. 생산성은 떨어지지만 그 종자만의 특성을 가진 다른 종자들은 수요가 없어 사라지고 있지요.

예기치 못한 변수로 유일하게 남은 상품화된 종자까지 없어지면 어떻게 될까요? 그 종자로 재배했던 농산물이 세상에서 사라지게 될 거예요. 종자의 다양성이 사라지니 결국 멸종하고 마는 거지요. 정부와 기업은 물론 우리 모두 종자의 다양성을 보존하고 멸종을 막기 위해 노력해야 합니다. 그중에서도 농산물로 음식을 만드는 활동은 보다 다양한 종자를 생산할 수 있는 환경을 만들어 우리 농민을 지키고 농업을 지속 가능하게 해요. 우리가 살아가기 위해 필요한 음식이 조리를 매개로 식재료를 생산하는 농업과 연결되어 있는 셈이지요.

지역과 가정의 경제를 살리는 조리

조리가 발전해 농업에 영향을 미쳤던 것처럼 농업의 발전도 조리 기술에 큰 영향을 주었어요. 재배하는 작물의 종류가 다양해지자 사람들은 더 다양한 음식을 만들기 시작했거든요. 농산물의 특성에 맞는 적절한 조리법이 개발되고, 이 조리법은 대물림*이나 지역 사회를 통해 세대를 거치면서 이어졌어요. 토양과

* 대물림 물건이나 일을 후대에 남기어 이어 나가는 것.

기후 같은 농사 조건이 달라 지역마다 차별화된 농사법과 지역 특산물이 자리했는데요, 사람들은 이 특산물에 맞는 적절한 조리법을 고안하고, 조리 기구를 만들어 사용하면서 음식 문화를 더욱 풍부하게 했어요. 그 지역의 문화가 된 지역 음식은 멀리 퍼져 나가 사람들에게 지역 농산물과 지역 음식의 소비를 가져왔고, 이는 곧 그 지역의 경제를 살리는 중요한 활동이 되었어요.

지역을 대표하는 음식은 수없이 많아요. 우리가 흔히 샴페인이라 부르는 와인은 프랑스 샴페인 지역의 스파클링 와인이에요. 지역의 이름이 음식의 이름이 된 거예요. 중국의 북경 오리도 마찬가지이지요.

지역의 정체성을 나타내고 그 지역의 경제를 살린 것으로 유명한 지역 음식으로는 이탈리아 모데나 지역의 발사믹 식초가 있어요. 모데나 지역의 전통 발사믹 식초는 포도 재배 농가에서 수십 년의 발효 과정을 거쳐 만들어지는데요, 식품 회사에서 대량 생산되는 일반적인 발사믹 식초는 모데나의 발사믹 식초와 달리 속성으로 만든 식초이지요. 맛의 깊이는 모데나의 발사믹보다 덜하지만 저렴한 가격으로 손쉽게 구매할 수 있어요. 다른 곳에선 따라할 수 없는 모데나 지역만의 독보적인 발사믹 식초는 전 세계적으로 사

랑받고 있는데요, 발사믹 식초는 곧 모데나 지역 주민들의 자부심이기도 하지요.

이처럼 지역을 대표하는 특산물이나 지역의 농산물을 이용해 만든 음식은 그 지역을 나타내기도 하고, 관광객을 부르거나 지역 음식의 소비를 높여 지역 경제의 활성화에 큰 영향을 미치고 있답니다. 그리고 이 모든 걸 가능하게 한 가장 큰 요인 중 하나가 바로 조리입니다. 음식을 만드는 조리 기술이 없었다면 음식 문화와 산업이 오늘날만큼 발전할 수 없었을 테니까요.

음식을 만들어 먹으면 식재료를 생산하는 지역 농가의 경제는 물론이고, 가정의 건강과 경제도 지킬 수 있어요. 시장에서 판매되는 음식의 가격은 식품에 들어간 식재료만으로 값을 매기지는 않아요. 브랜드의 이름값과 조리 공정에 투여된 모든 사람들의 인건비, 유통비와 광고비 등 다른 많은 요소들이 합쳐진 값이지요. 직접 식재료를 구매해 가정에서 음식을 만들 때와 비교해 보면 생각보다 부담이 되는 가격일 수 있어요.

반면 만약 가정에서 직접 식재료를 구매해 조리해 먹는다면 식재료 자체의 값과 유통비 외에 중간 과정에서 더해지는 비용이 없으니 경제적인 면에서 이득이고, 식재료의 신선도나 원산지를 직접 눈으로 확인하고 구매하니 건강에도 이로워요. 여기에 더해 직접 산 식재료를 이용해 조리하고 완성된 음식을 맛보는 즐거움을 느낄 수도 있지요.

　1인 가구의 경우에는 한 번 음식을 만드는 데 많은 양의 식재료가 필요하지 않아서 차라리 사 먹는 것이 더 낫다고 생각하는 사람들이 많아요. 하지만 요즘은 크게 늘어난 1인 가구 시대에 맞추어 식재료를 소분해 판매하는 곳들이 많아요. 소분 포장된 식재료를 사용해 음식을 만들어 먹으면 각종 쓰레기도 줄일 수 있고, 경제적으로도 도움이 되지요. 아니면 배달 음식 대신 포장 용기와 음식물 쓰레기를 줄일 수 있는 밀키트* 같은 상품을 이용할 수도 있겠지요.

★ 밀키트(Meal Kit) 음식에 필요한 양만큼 손질한 식재료와 양념을 포장해 조리법과 세트로 제공하는 음식 상품.

　굳이 돈을 절약하기 위해서만 조리를 해야 하는 건 아니에요. 가정에서 음식을 직접 만들어 먹으면 경제적일뿐더러 너무나 커져 버린 식품 산업에 대한 의존도를 줄일 수 있거든요. 조리를 알아야 내 밥상의 주인이 내가 될 수 있고, 경제는 물론 환경과 건강 등 조리와 연결되어 있는 많은 것들을 지킬 수 있는 거예요. 음식을 만든다는 건 이처럼 우리 몸과 경제를 포함한 세상의 많은 것들과 연결되어 있는 중요한 기술이에요.

음식을 보는 눈, 어떻게 키울까?

만약 여러분이 먹을 음식을 직접 만든다면 어떤 식재료를 구매하게 될까요? 시장이나 마트에 진열되어 있는 수많은 식재료들 중에서도 예산에 맞추어 당연히 더 신선한 채소나 고기를 선택할 거예요. 그리고 자기의 입맛에 따라 여러 가지 조리법으로 조리하겠지요. 다른 사람에게 대접할 음식이라면 손님의 입맛과 음식의 모양새를 고려해 더욱 정성스레 음식을 만들 거예요. 직접 만든 음식이니 어떤 식재료들이 어떻게 손질되어 음식을 이루고 있는지, 양념은 어떻게 만들어졌는지, 어떤 조리법으로 조리되었는지 등 음식에 대한 모든 걸 알 수 있겠지요.

그런데 만약 사 먹는 음식이라면 어떨까요? 식당에서는 주 식재료의 원산지를 메뉴판에 표기하고, 가공식품은 포장지에 자세하게 성분 표시를 해 두고 있지만 정확하게 그 음식이 만들어지는 모든 과정을 알기는 어려운 일입니다.

가공식품의 경우 인공 첨가물이 많이 사용되는데요, 우리나라는 식품안전관리인증원에서 시중에 판매되는 식품의 안전성을 위해 식품안전관리인증기준인 'HACCP'로 식품 생산 과정에서의 안전성을 관리하고 있어요.

하지만 문제가 되는 식재료의 출처와 인공 첨가물로 인한 안전성은 HACCP로 해결되지 않아요. 식품 표시제를 실시해 식재료의 원산지와 각종 첨가물을 식품 포장지에 의무적으로 표시하도록 하고 있지만, 소비자들은 이 첨가물들이 어떤 것인지 알기 어렵거든요. 방부제를 '방부제'라고 표시하면 좋겠지만 소르빈산칼륨, 소르빈산나트륨, 안식향산나트륨, 안식향산칼륨, 파라옥시안식향산메틸 등 이름만 보고는 어떤 성분인지 알기 어려운 용어로 첨가물들을 표시하거든요. 게다가 이런 가공식품들은 아무리 성분을 꼼꼼히 비교한다 하더라도 직접 만들어 먹는 음식만 못하겠지요. 더욱이 내 몸으로 들어가는 음식을 다른 사람에게 모두 맡길 순 없잖아요?

사 먹는 음식이 어떤 식재료로 구성되어 있는지, 어떤 조리법으로 만들어졌는지 파악하려면 음식 만드는 법을 배워야 해요. 음식을 만드는 데 필요한 식재료의 정보, 그리고 이 식재료들이 다른 식재료와 만났을 때 맛과 영양의 궁합, 적절한 조리법 등 모두 조리를 알아야 눈에 보이는 것들이니까요. 만약 뛰어난 조리 기술을 가진 사람이라면 그 음식에 대한 정보를 보다 더 잘 알 수 있겠죠.

지금 여러분은 직접 모든 음식을 차려 먹기에 아직 어린

나이기 때문에 음식을 만들어 먹는다는 것이 크게 와 닿지 않을 수 있지만 경제 활동을 하고 사회를 이끌어 나가는 성인이 되었을 때는 어떨까요? 세상에 제대로 된 음식을 직접 해 먹을 수 있는 사람이 얼마나 남아 있을까요? 내 밥상의 주인은 다른 그 누구도 아닌 우리 자신이어야 하는데 말이에요.

패스트푸드와 레토르트 식품 같은 각종 가공식품에는 여러 가지 식품 첨가물이 들어 있어요. 식품 첨가물은 식품의 맛을 내거나 유통기한을 늘리기 위해 사용되는 물질이에요. 더 많은 소비자를 끌어들이기 위해 식품의 향을 내거나 색깔을 입히기 위해서 사용되지요. 일반 소비자의 경우, 가공식품이 만들어지는 과정을 제대로 알 수 없으니 어떤 첨가물이 사용되었는지 정확히 파악하기 어려워요. 게다가 식품 포장지 겉면에 표기된 식품 첨가물의 이름만 봐서는 그것들이 왜 사용되었는지, 어떤 성분을 지닌 첨가물인지 알기 어렵지요.

이런 식품 첨가물은 보통 영양가가 없고, 심지어는 건강에 해를 끼쳐 문제를 일으킬 수도 있어. 모든 식품 첨가물이 문제가 되는 건 아니에요. 식품 첨가물은 천연 첨가물과 인공 첨가물로 나눌 수 있는데, 이 중 인공 첨가물이 문제입니다. 가공식품에 주로 사용되는 첨가물이 바로 인공 첨가물이지요.

가공식품과 마찬가지로 패스트푸드에도 표백제, 인공 색소, 조미료, 감미료, 방부제, 살균제와 같은 인공 첨가물이 많이 들어 있는데요, 앞서 이야기한 것처럼 식품 회사에서는 식품에 색깔을 더하거나, 맛과 향을 내기 위해서, 유통기한을 늘리기 위해서 등 여러 가지 이유로 다양한 인공 첨가물을 사용하고 있어요. 일본의 첨가물 전문가 아베 쓰카사는 티 나지 않게 감쪽같이 겉으로 식품의 질을 높이는 인공 첨가물을 두고 '인간이 만든 위대한 속임수'라고 말하기도 했지요.

식품 첨가물 덕분에 겉으로 보기에는 아름답고, 맛도 있고, 가격도 저렴한 음식 상품을 만드는 것이 가능해졌어요. 모든 식품 회사가 그런 건 아니겠지만, 인공 첨가물이 저렴한 대신 건강에 어떤 안 좋은 영향을 미칠지 모른다는 위험성을 알고 있음에도 불구하고 여전히 많은 양의 인공 첨가물을 사용하는 기업이 많아요. 소비자들의 건강보다 기업의 이윤을 우선으로 생각했기 때문이지요. 예를 들어 가정에서 음식의 맛과 향을 내기 위해 설탕을 사용했다면, 식품 공장에서는 설탕 대신 단맛을 인위적으로 내는 인공 감미료를 사용해요.

김밥이나 볶음밥을 만들 때나 반찬으로 자주 사용되는 햄도 마찬가지입니다. 마트나 편의점에서 손쉽게 구매할 수 있는 일반 햄에는 햄의 맛과 색깔, 유통기한 연장 등을 이유로 일반 소비자들이 알기 어려운 성분의 인공 첨가물들이 첨가되어 있어요. 돼지고기 100그램으로 햄 120그램을 만들 수 있는 비법도 바로 이런 각종 첨가물 덕분이지요.

아래 표는 인공 첨가물을 사용하지 않은 무첨가 햄과 소비자들이 마트나 온라인 식품점에서 쉽게 사 먹을 수 있는 인공 첨가물이 가미된 일반 햄의 성분을 비교한 표예요.

무첨가 햄	일반 햄
돼지고기, 천일염, 삼온당(설탕의 일종), 향신료	돼지고기, 대두단백, 난백, 카제인나트륨(유단백), 정제염, 아질산나트륨, L-아스코르빈산나트륨, 폴리인산나트륨, 피로인산나트륨, 글루타민산나트륨, 5-리보뉴클레오티드나트륨, 단백가수분햄루, 돈육농축액(동물성향료), 변성전분, 증점제(다당류), 코치닐색소

출처 : 아베 쓰카사, 『인간이 만든 위대한 속임수 식품첨가물』, 국일미디어, 2006

싸고 편하고 맛있긴 한데,
가끔 그런 생각이 들어.

무슨 생각?

즉석 핫도그

즉석 카레

즉석밥

즉석국

보통 우리가 시장에 가서
사 온 재료들은 냉장고에
넣어 둬도 일주일이면
상하잖아!

아이고~
버섯이!
버려야겠다!

아깝다!
빨리
먹을걸…

그런데 몇 달이고
상하지 않는 국이라니…
게다가 실온에서…
대체 안에 뭐가
들어갔길래!

그런 생각을 하면
먹기가 좀 무서워!

근데 잘
먹던데?

시끄러!
암튼 기분이
좀 그래!

우리가 자주 먹는 일반 햄의 성분을 한번 볼까요? 전문가가 아니라면 어떤 과정에서 무슨 이유로 들어갔는지 알 수 없는 인공 첨가물들이 가득 포함되어 있어요. 이 식품 첨가물들 각각은 독성과 안전성에 있어서 어느 정도 사전에 검증된 것들이긴 하지만, 여러 첨가물들이 혼합되었을 때 우리 몸에 어떤 영향을 미치는지에 대해서는 아직 밝혀지지 않은 것들이 많아요. 건강에 심각한 문제가 될지도 모르는 일이지요.

　특히 식품 첨가물의 피해는 성인에 비해 몸의 해독 능력과 배설 능력이 떨어지는 아이들에게 더 클 수 있어요. 그런데 아직 식품에 들어 있는 인공 첨가물이 일으키는 문제에 대한 연구가 많이 이루어지지 않은 상태입니다. 현재까지는 이러한 첨가물이 비만과 성인병 그리고 주의력결핍 과잉행동장애(ADHD)를 일으킨다고 밝혀져 있는데, 밝혀진 질병 외에 또 어떤 병을 일으킬 수 있는지 알지 못한 채 각종 첨가물들을 나도 모르게 섭취하고 있는 거예요.

5장

음식을 만들어 먹으면
세상이 변한다고?

나도 음식을 만들 수 있을까?

사람들이 점점 식재료를 이용해 음식을 만들어 먹기보다 사 먹는 문화에 익숙해지고 있음에도 불구하고 2020년 교육부와 한국직업능력연구원에서 실시한 초등학생 희망 직업 조사에서 조리사가 7위를 차지했어요. 아마 셰프(Chef)라고 불리는 스타 조리사들이 TV 프로그램에 출연해 인기를 얻자 음식을 만드는 직업이 더욱 관심을 끌고 있는 것 같아요. 셰프는 조리사라는 직업의 수많은 갈래 중 하나이지만, 그렇다고 하더라도 음식을 만든다는 것에 관심이 많아지고 있는 현상은 반길 일이라고 생각되어요. 하지만 10대인 여러분들이 직접 식재료로 음식을 만든다고 하면 어렵다거나 위험하다는 선입견이 여전히 있어요.

일상적으로 밥상에 차려지는 밥과 국, 밑반찬들은 대부분 간단한 조리법으로 만들어져요. 특히 전기밥솥을 사용하면 밥은 정말 간단하게 지을 수 있어요. 쌀의 양에 맞추어 넣어야 할 물의 양도 눈금으로 표시되어 있어 깨끗이 씻은 쌀에 적당량의 물을 넣고 취사 버튼만 누르면 따끈따끈한 밥이 완성돼요. 아주 간단하죠? 나물을 무치거나 국과 찌개를 끓이는 법도 식재료를 손질하는 데에 조금 차이만 있고 비슷한 조리법으로 만들어지는 경우가 많아요. 요즘은 요리책이나 TV 요리 프로그램 또는 유튜브와 같은 SNS에 간단하게 음식을 만들어 먹을 수 있는 정보가 많으니 참고하면 큰 도움이 될 거예요.

특히 조리는 직접 식재료를 구매하고 손질하여 자주 해 보아야 실력이 늘어요. 처음엔 기존의 레시피에 맞추어 식재료의 양을 결정하고 간을 맞추었지만 조리 실력이 늘고 자신감이 붙으면 자신만의 레시피가 생길 수도 있겠지요.

조리가 위험하다는 건 사실이에요. 칼을 이용해 식재료를 다듬거나 썰고, 불에 음식을 굽거나 끓이는 일은 자칫 큰 상처를 입을 수 있는 위험한 일이지요. 그렇기에 음식을 만들 때는 더욱 조심해야 하고, 음식에 따라 알맞은 조리 기구 사용법을 잘 알아야 해요. 같은 칼이라 해도 모양에 따라 쓰임새와 쥐는 법이 다르거든요.

처음 조리를 시작할 땐 조리법과 조리 기구를 안전하게

사용하는 방법을 잘 아는 어른과 함께하면 좋아요. 조리
책이나 영상의 도움을 받을 수도 있겠지요. 앞서 말했듯이
음식을 만든다는 건 많이 시도할수록 실력이 더욱 좋아지
고 감이 생기니, 신선한 식재료를 구매해 세척하고 다듬는
것부터 시작해 불을 사용하지 않거나 적게 사용하는 간단
한 조리법으로도 만들 수 있는 쉬운 음식부터 하나씩 도전
해 보아요. 점점 실력이 늘면 조리법이 복잡한 음식도 거뜬
히 만들 수 있는 조리 기술을 갖추게 되겠죠?

저는 처음으로 뽕잎 칼국수를 만들어 본 적이 있는데요,
밀가루로 칼국수 면을 만드는 것을 자주 보았고, 육수와 고
명을 만드는 것이 크게 어렵지 않아 한번 도전해 보았지요.

우선 주변 뽕나무에서 따온 뽕잎을 믹서에 넣어 간 물과
통밀가루로 면 반죽을 만들었어요. 통밀가루는 밀알의 속
껍질을 벗기지 않고 갈아서 영양은 풍부하지만 일반 밀가
루에 비해 거칠고 곡물의 찰기를 더해 주는 글루텐 함량이
적어 반죽으로 만들었을 때 쫄깃함이 덜해요. 그래서 찰기
있는 반죽을 만들 수 있는 감자전분 가루를 넣어 해결했지
요. 육수는 다시마와 멸치를 이용해 우리고, 채 썬 애호박,
파와 함께 반죽을 썰어 만든 뽕잎 면을 넣어 음식을 완성
했어요.

직접 만든 뽕잎 칼국수는 맛도 있었지만 식재료를 구하고, 감자전분 가루를 넣은 통밀가루 면처럼 식재료의 특성에 맞게 음식을 만드는 과정이 참 재미있었어요. 여러 가지 식재료들이 제 손을 거쳐 하나의 음식으로 완성되었을 때 성취감도 사 먹는 것과는 비교할 수 없을 만큼 아주 컸지요.

이처럼 조리 기술은 우리가 살아가는 데 꼭 필요한 생명 기술이면서 잘 활용하면 일상의 활력소가 되는 기특한 기술이 되기도 한답니다. 게다가 하나의 완성된 음식이 탄생하기까지 내가 모든 과정에 참여했으니 이 음식이 내 몸에 어떤 영향을 미치는지에 대해서도 알 수 있겠죠. 음식을 만드는 데 도움이 되는 간단한 조리 팁을 몇 가지 소개하니 여러분도 음식 만들기에 도전해 보세요.

음식을 만들 때 소금과 설탕, 식초와 간장을 동시에 넣는 경우가 많은데요, 소금과 설탕을 먼저 넣어야 해요. 소금과 설탕은 짜고 단 맛은 있지만 향을 가지고 있지 않아 향이 날아가는 문제를 신경 쓰지 않아도 되거든요. 특히 단 음식을 만들 때는 설탕을 먼저 넣으면 좋아요. 설탕은 식재료에 잘 스며드는 성질을 가지고 있거든요. 설탕을 빨리 넣을수록 단 맛이 식재료에 더 깊숙이 스며들겠죠? 향을 더하는 조미료인 식초와 간장은 오랫동안 가열하면 향이 증발되어 날아가니 불을 끄기 직전에 넣는 것이 좋아요. 예외로 우엉이나 연근 조림을 할 때는 식재료의 색이 갈색으로 변하는 갈변 현상을 막기 위해 식초를 푼 물에 미리 넣어 두어 갈변을 방지하고 식감을 부드럽게 해요.

음식의 맛은 간이 좌우한다고 할 수 있을 정도로 간을 맞추는 것이 중요해요. 식재료와 만드는 음식에 따라 간을 맞추는 조미료가 각각 다르니 미리 알고 간을 맞추어야 해요. 생선이나 고기를 구울 때는 주로 굵은 소금으로 간을 더해요. 국을 끓일 때는 우리나라에선 보통 조선간장이라 불리는 국간장으로 간을 하지요. 아주 짠 맛이 특징이에요. 하지만 된장국 종류인 시금치나 아욱, 배춧국은 된장으로 간을 해요. 여기에 액젓을 더하기도 하지요. 모든 음식의 간 맞추기는 먹기 직전에 해요. 가열하는 음식의 경우 시간이 지나면 수분이 날아가서 처음보다 간이 강해질 수 있거든요.

냉동 보관한 고기는 더 낮은 온도에 저장할수록 해동했

을 때 육즙의 손실이 적어요. 해동할 때에는 전자레인지에 돌리거나 따뜻한 물에 담그기보다 약 5℃로 맞추어진 냉장고 안에 두어 서서히 해동하는 것이 좋아요. 이때 고기는 통이나 봉지에 밀봉해 공기 중에 노출되지 않도록 해요. 한 번 해동한 고기는 세균이 번식할 수 있기 때문에 다시 냉동하지 않는 것이 좋아요.

조개류는 껍데기 안에 들어 있는 모래, 흙 같은 이물질을 모두 토해내게 해야 해요. 이걸 해감이라고 해요. 해감을 할 때는 소금물이 있는 그릇에 조개를 1~2시간 정도 담가 놓고 그릇 안으로 빛이 들어오지 않게 쟁반이나 접시를 덮어 두어요. 그럼 조개들이 바닷속인 줄 착각해 머금고 있던 이물질을 뱉어 낸답니다. 소금물의 농도는 2퍼센트가 적당해요. 바닷물의 소금 농도인 3퍼센트가 넘어가면 조갯살의 수분이 빠져나가 식감이 질겨질 수 있거든요.

식재료를 아는 것이 왜 중요할까?

음식을 만들 때는 식재료의 특성에 대해 잘 아는 것도 중요해요. 만약 뽕잎 칼국수를 만들 때 글루텐 함량이 적어 찰기가 부족한 통밀가루의 특성을 몰랐다면 제대로 된 칼국수 면을 만들 수 없었을 거예요. 새우튀김을 만들기 위해 새우 손질을 할 때 새우의 꼬리에 있는 물총을 제거하지 않으면 뜨겁게 달군 기름에 새우를 집어넣자마자 기름이 사방으로 튀어 큰 화상을 입을 수 있지요.

이처럼 식재료에 대한 지식은 조리하는 데 큰 도움이 돼요. 식재료를 잘 알면 어떤 조리법으로 어떤 음식을 만들지 쉽게 정할 수 있죠. 수학 공식을 이해하고 나면 어떤 숫자를 대입해도 그 공식을 이용하는 문제를 쉽게 풀 수 있는 것처럼 말이에요. 음식을 만들 때 많이 쓰이는 식재료 몇 가지를 다루는 방법을 알려드릴게요.

밀가루 빵의 주재료이자 세계적으로 많이 사용되는 식재료인 밀가루는 글루텐의 함유량에 따라 세몰리나, 강력분, 중력분, 박력분으로 나뉘어요. 각각 13퍼센트, 11퍼센트, 10퍼센트, 8~9퍼센트 정도의 글루텐이 함유되어 있지요. 글루텐의 함유량이 높을수록 더 찰진 밀가루 반죽이 만들어지죠. 글루텐 함량이 가장 큰 세몰리나는 주로 쫄깃한 파스타면을 만들 때, 강력분은 식빵이나 전, 중력분은 국수면, 박력분은 제과용이나 튀김 반죽으로 사용되어요. 유통 과정이 긴 수입산 밀가루와 비교해 방부제가 덜 들어간 국산 밀가루를 사용하면 건강에도 좋고 우리 농가에 더욱 도움이 되겠지만 2020년 기준 우리나라 밀 자급률은 약 1퍼센트로 밀가루의 대부분이 수입품이에요.

• **식용유** 음식을 만드는 데 사용되는 기름인 식용유의 종류에는 콩기름, 옥수수유, 포도씨유, 해바라기씨유, 올리브유 등 여러 가지 종류가 있는데요, 식용유를 사용할 땐 기름이 타기 시작하는 온도인 발연점에 주의해 용도에 맞게 사용해야 해요. 발연점이 250℃로 높은 포도씨유와 해바라기씨유는 튀기고, 부치고, 볶는 요리에, 발연점이 170~180℃로 낮고 향이 좋은 올리브유는 가열하기보다 생으로 먹는 것이 좋아요. 올리브유는 주로 서양의 샐러드 음식에 향을 입히는 소스로 많이 사용돼요. 식용유는 GMO 농산물로 만든 것들도 있는데, 유기농 작물로 만들어진 농산물이나 성분 표시를 확인해 GMO 농산물을 사용하지

않은 것을 골라 사용하면 더욱 좋아요.

식재료는 크게 국산과 외국산으로 나눌 수 있는데요, 우리나라는 식량자급률이 낮아서 외국산 식재료를 많이 수입하고 있어요. 하지만 외국산 식재료는 국산 식재료에 비해 유통 과정이 복잡하고 길기 때문에 신선도가 떨어지고 우리나라 사람들의 취향과 입맛에 맞지 않는 것들도 많아 가공용으로 많이 사용되어요.

반면 우리나라에서 나고 자라 비교적 유통과정이 짧고 신선도가 높은 국산 식재료는 음식을 직접 만들어 먹는 소비자들과 조리사들에게 애용되죠. 좋은 식재료를 얻기 위해 직접 농사를 짓는 사람들도 있어요. 농사를 짓는다는 건 쉽게 시도할 수 있는 일은 아니지만 건강한 식재료를 얻을 수 있는 최고의 방법이거든요.

이와 관련해 요즘 늘어나고 있는 주말농장이나 도시 텃밭, 학교 텃밭 등 도심에서 짓는 농사에 주목할 필요가 있어요. 직접 키워 수확한 농산물로 음식을 만들어 먹으면 생산자가 곧 소비자이니 식재료가 우리 식탁에 오르기까지 이동거리가 0이 되어요. 이 거리를 푸드마일이라고 부르는데요, 푸드마일이 적을수록 식재료의 신선도가 높고, 환경에도 좋은 영향을 미친답니다. 또 직접 생산해 먹는 식재료이니 그 식재료가 가진 특성을 잘 알 수 있어 맛과 영양을 살린 음식을 만들 수 있지요. 식당에서 사 먹거나 배달을 시켜 먹은 음식과 직접 땀 흘려 키운 농산물로 만든 음식에 대한 마음도 당연히 다를 수밖에 없고요.

맛과 영양이 풍부한 좋은 식재료를 얻으려면 제철 식재료나 지역의 특산물을 알면 좋은데요. 특히 제철 식재료는 특정 시기에 나오기 때문에 더욱 신선하고 맛과 영양도 좋아요. 많은 사람들이 절기마다 제철 음식을 찾는 이유이기도 하지요. 채소의 경우 보통 잎채소는 봄, 뿌리채소는 가을이 제철이에요. 수산물은 우리나라에선 봄이 제철인 것이 가장 많은데요, 가자미, 문어, 굴, 가리비, 해삼, 바지락 모두 봄이 제철이지요. 여름에는 장어, 고등어, 갈치, 미꾸라지 등이 맛있고, 가을엔 전어, 연어, 꽁치와 같은 생선이 제철이라 특히 맛있어요. 겨울이 제철인 수산물에는 복어와 붕어, 해삼, 게 등이 있답니다.

각 지역의 특산물은 토양과 기후 같은 자연환경이 그 특산물이 나기에 적절해 식재료의 맛이 아주 좋아요. 포항의 시금치와 제주에서 나는 무, 매운 고추로 유명한 청양의 청양고추, 일산의 열무, 의성 마늘, 울릉도의 명이 등은 잘

알려진 지역 특산물이지요.

그 지역 생태의 산물이라 할 수 있는 지역 식재료로 음식을 만들면 맛은 물론이고 더 나아가 그 지역의 경제를 활성화시키고 지역 음식의 맥을 계속해서 이어 나가게 할 수 있어요. 조리는 음식을 만드는 사람뿐만 아니라 식재료를 생산하는 사람과 지역 사회의 경제까지 이어져 있지요.

이처럼 식재료에 대해 안다는 건 그 식재료를 사용한 음식의 맛과 영양을 가늠하는 것을 넘어 음식을 만드는 것이 단순한 가사 노동이 아니라 지역 경제와 같은 더 큰 사회와 연결되어 있다는 것을 깨닫게 되는 거예요. 여러분들은 어떤가요? 조리와 연결된 수많은 것들이 보이나요?

건강한 음식을 만드는 조리 실천 방법

우리가 조리를 하기에 앞서 생각해 보아야 할 것들이 있어요. 어떻게 하면 생태 환경을 해치지 않으면서 맛과 영양이 풍부한 음식을 만들 수 있을까요? 누구나 할 수 있는 몇 가지 실천 방법들을 살펴보아요.

첫 번째는 제철 식재료나 지역 식재료를 사용하는 거예

요. 제철 및 지역 식재료는 신선하고 맛이 좋을 뿐만 아니라 영양분이 가득해 건강한 음식을 만들기에 아주 좋은 재료입니다. 가까운 자연에서 나고 자란 것을 조리해 먹는 것이니 건강뿐만 아니라 환경이 지금보다 더 나빠지지 않는 데에 도움을 줄 수 있어요.

두 번째는 식재료 본연의 맛을 내는 거예요. 오늘날 많은 음식들이 식재료가 가진 고유의 맛이 살아 있는 음식이 아닌 인공 첨가물로 맛을 낸 자극적인 소스 맛으로 이루어져 있어요. 이런 자극적인 맛에 길들여지면 인공 조미료가 가득 들어 있는 음식을 더 찾게 되고 건강은 계속해서 나빠질 거예요. 사 먹는 음식에 중독되면 조리 기술은 점점 더 빠른 속도로 사라질 거고요. 악순환의 반복이 계속되는 거지요. 인공 조미료를 최대한 덜 쓰고 식재료가 가진 맛을 살릴 수 있는 방법으로 조리한다면 좋은 영양분을 더 많이 섭취할 수 있는 건 물론 음식이 가진 다양한 맛을 느낄 수 있을 거예요.

세 번째는 낭비하지 않는 것이에요. 식재료라는 자원을 잘 활용해 조리하고, 되도록 음식을 남기지 않도록 노력해 보아요. 친환경 포장재를 사용한 식재료를 구입하고 장바구니를 활용해 버려지는 포장재를 줄일 수 있겠지요. 음식

물 쓰레기를 남기지 않는 것도 좋은 방법이에요. 만약 음식이 남았다면 용기에 담아 냉장고나 냉동실에 보관해 버리지 않고, 다음 식사 때 먹도록 해요. 이 모든 노력이 농민의 수고를 헛되게 하지 않고 자원 낭비와 생태 환경 파괴를 막는 데 기여할 수 있어요.

이 모든 실천 방법을 다 지키며 음식을 만드는 건 쉽지 않으니 각자의 형편에 맞추어 조금씩 바꾸어 적용해도 좋아요. 조금 느슨한 기준점이라 하더라도 자신만의 실천 방법을 정하고 음식을 만들면 도움이 될 거예요. 나 하나쯤이야 하고 생각할 수 있지만 우리 모두가 조금씩 조리에 관심을 가지고 건강과 환경을 위해 힘쓴다면 우리의 몸과 세상이 지금보다는 조금 더 나아지지 않을까요?

음식을 만들어 먹는 사회

조리는 단순히 우리가 먹는 음식을 만드는 기술만이 아니라 더 나아가 사람들의 건강을 책임지고, 지역 농민들의 경제와 아주 가깝게 연결되어 있는 생명 기술이에요. 하지만 바쁜 현대 사회와 더불어 식품 산업은 소비자들이 통제

하지 못할 정도로 거대해져, 정말 우리는 이제 매 끼니를 사 먹어도 아무런 이상함을 느끼지 못하는 지경에 이르렀지요. 자극적인 맛과 공격적인 광고로 소비자를 유혹하는 가공식품의 맛에 길들여져 계속해서 가공식품을 찾게 되는 악순환에 빠지기도 했어요.

이런 악순환의 고리를 끊어내기 위해서는 사람들이 조리와 식재료를 생산하는 농업에 관심을 가지는 것을 시작으로 건강한 음식을 만드는 사회가 되어야 해요.

조리 기술이 왜 중요한지, 이 기술이 없으면 어떤 문제가 일어나는지 알아보았으니 이제 직접 음식을 만들어 볼까요? 음식을 만들 때 안전 다음으로 중요한 건 일단 도전해 보는 거예요.

정성을 들여 음식을 만드는 사람들이 많아지고, 좋은 식재료를 사용해 맛과 영양이 풍부한 음식을 원하는 사람들이 많아지면 세상은 어떻게 변할까요? 사회를 이루는 다양한 구성원들과 연결되어 있는 음식은 세상을 바꾸는 힘을 가지고 있어요. 인류가 오늘의 모습처럼 살아갈 수 있도록 하게 한 힘도 바로 음식이었지요.

조리 또한 마찬가지입니다. 저와 여러분 그리고 지구의 많은 사람들이 조금씩 조리에 관심을 가지고 음식을 만들

어 먹기 시작한다면 처음엔 눈에 보이지 않겠지만 어느새 건강한 세상이 여러분을 반기고 있을 거예요.

조리법은 가정에서 대물림되거나 책에 쓰여 오랫동안 많은 사람들에게 전해지고 있어요. 음식을 만드는 데 필요한 과정을 담은 책인 조리서에는 책이 쓰인 당시의 음식 조리법과 조리 기구, 식재료 등 조리에 관한 지식이 담겨 있어요. 우리나라의 대표적인 조리서로는 수백 년 전에 쓰인 『음식디미방』과 『정조지』 등이 있어요. 『음식디미방』엔 어떤 이야기가 담겨 있을까요?

음식의 맛을 내는 비법이라는 의미를 지닌 『음식디미방』은 최초의 한글 조리서이자 동아시아에서 최초로 여성이 쓴 조리서예요. 약 1670년에 장계향(1598~1680)이라는 사람이 후손들에게 음식 만드는 비법을 전하기 위해 지은 조리서이지요. 당시 경상도 영양 지방 사대부 집안의 사람이었던 장계향은 가문에 내려오는 전통 음식을 이어 나가기 위해 각 음식의 조리법을 한글로 정성스레 남겼어요. 우리나라에는 『음식디미방』 이전에도 음식에 관한 책은 있었지만 모두 한문으로 쓰였고, 음식을 간단하게 소개하는 것에 그쳐 지식을 쌓을 순 있었지만 실용적이진 못했어요.

반면 『음식디미방』은 예로부터 전해 내려오거나 장계향이 직접 개발한 음식, 양반가에서 즐겨 먹는 각종 특별한 음식 등 다양한 종류의 음식 조리법을 자세히 기록하고 있어요. 가루 음식과 여러 가지 종류의 떡 조리법, 생선 및 육류 조리법과 함께 각종 술 담그는 법을 자세히 기록한 『음식디미방』은 17세기 중엽 무렵 한국인의 식생활을 연구하고 이해하는 데 귀중한 문헌이라고 할 수 있지요. 특히 당시 조선 양반가 계층의 식생활과 식문화를 잘 보여 주고 있어요. 이 모든 내용이 거의 정확하고 다양한 한글 어법과 철자로 쓰여 학문적으로도 큰 가치가 있어요.

『음식디미방』은 총 146가지의 조리법을 소개하고 있는데요, 크게 밀가루와 떡 음식인 면병류, 생선과 육류 음식인 어육류, 술과 발효 음식인 주류 및 초류로 나누어져 있지요. 이 중 술 만드는 법은 무려 51가지나 소개되고 있어요. 당시 양반가 여성이 하는 일 중 술 빚기가 얼마나 중요한 일이었는지 알 수 있지요.

이 책에는 음식을 만드는 법과 함께 식재료를 보관하는 법도 기록되어 있어요. 주로 봄이 제철인 나물을 추운 날에 따뜻하게 보관해 겨울철에도 채소를 즐겼음을 알 수 있지요. 앵두를 설탕물에 조려 굳힌 오늘날 젤리와 같은 디저트 조리법도 있어요. 지금까지 우리가 먹고 있는 계란탕을 만드는 법도 적혀 있어요. 몇백 년 전 조리서임에도 불구하고 우리가 지금 먹고 있는 음식들과 비슷하다니 참 신기하지요? 그런데 고추에 관한 기록은 찾아볼 수 없는데요, 아직 이 당시에 경북 영양 지방까지 고추가 전파되지 않았음을 알 수 있어요. 대신 매운 맛을 내기 위해 후추와 겨자나 마늘과 생강을 사용했다고 해요. 재미있는 건 음식의 감칠맛을 내는 재료로 오늘날 우리나라 사람들이 특히 많이 먹는 것으로 유명한 마늘보다 당시에는 생강을 더 즐겨 썼다고 해요.

우리나라의 또 다른 조리서인 『정조지(鼎俎志)』는 한마디로 조리계의 백과사전이에요. 조선 후기의 실학자 서유구(1764~1845)가 농업의 백과사전이라 할 수 있는 『임원경제지』에 쓴 글이에요. 한자 '정조(鼎俎)'는 솥과 도마를 의미해요. 당시 음식을 만들 때 꼭 필요한 조리 도구였지요. 솥과 도마는 오래전 제사를 지낼 때 제사 그릇인 제기로 사용되기도 했는데요, 서유구 선생은 이러한 의미를 알지 못하고 단순히 음식을 만드는 데 도움이 되는 도구 정도로만 여기는 사람들을 비판하며 역사적으로도 큰 의미가 있는 조리 도구의 중요성을 책의 이름에 새겨 넣은 거지요.

식재료 소개와 효능, 조리법 등을 다루고 있는『정조지』는 총 7권으로 이루어져 있어요. 식재료에 대한 모든 정보를 요점 정리한 식감촬요부터 밥과 떡에 관한 취류지류, 조청과 엿에 대한 내용을 담은 전오자류, 음료에 관한 음청지류, 과일로 만든 온갖 절임과 디저트에 관한 과정지류, 소금, 장, 기름, 양념 등 조미료에 대한 내용의 미료지류, 절기별 음식에 관해 적은 절식지류 등 식재료부터 조리법, 음식의 종류 등 온갖 내용이 들어 있어 과연 조리계의 백과사전이라 할 수 있어요.『정조지』에 담겨 있는 조리법만 해도 무려 1,748가지나 되지요.

『음식디미방』과『정조지』같은 오래된 조리서는 당시의 음식과 조리법을 자세히 알려줄 뿐만 아니라 그 음식을 먹었던 사람들의 생활상을 보여 주고 있어요. 음식을 만들어 먹는 과정 곳곳에는 음식을 만드는 사람의 성격은 물론 그 사회의 여러 가지 모습이 담겨져 있거든요. 음식을 만드는 과정이 자세하게 기록된 조리서의 경우 오늘날 옛 음식들을 재현하는 데 활용되기도 해요. 오래전 사람들이 먹었던 음식을 조리서를 통해 우리도 직접 만들어 맛볼 수 있어요.